내 신앙의
뒷모습

✦

내 신앙의 뒷모습

발행일   2023년 10월 6일

지은이   지은이
펴낸이   손형국
펴낸곳   (주)북랩
편집인   선일영   편집   윤용민, 배진용, 김부경, 김다빈
디자인   이현수, 김민하, 안유경, 신혜림   제작   박기성, 구성우, 배상진
마케팅   김회란, 박진관
출판등록 2004. 12. 1(제2012-000051호)
주소   서울특별시 금천구 가산디지털 1로 168, 우림라이온스밸리 B동 B113~114호, C동 B101호
홈페이지 www.book.co.kr
전화번호 (02)2026-5777   팩스   (02)3159-9637

ISBN   979-11-93304-77-8 03230 (종이책)   979-11-93304-78-5 05230 (전자책)

(주)북랩 성공출판의 파트너

북랩 홈페이지와 패밀리 사이트에서 다양한 출판 솔루션을 만나 보세요!

홈페이지 book.co.kr   •   **블로그** blog.naver.com/essaybook   •   **출판문의** book@book.co.kr

작가 연락처 문의 ▶ ask.book.co.kr

작가 연락처는 개인정보이므로 북랩에서 알려드릴 수 없습니다.

공미연 두번째 신앙 에세이

내 신앙의
뒷모습

나는 주님을 향해 걸어가고
그 뒤로는 일상과 아이들이 따른다

 북랩

서문

✦

난 서른 살이 가까워서야 예수의 품에 아기로 안겨졌다.

아기이면서 세상적으로 배운 것은 있고 들은 것이 있어 천지분간을 한다고 떠들지만, 서른이 된 아기에게서 눈물이 마르지 않는다. 생각대로 풀리지 않는 삶의 답을 구할 수가 없었다.

그렇다고 주저앉아 있을 수는 없었다. 달려보자. 주님께로 달려보자.

구원이 은혜인지도 모르고, 선물인지도 모르고, 축복인지도 모르고 매달렸다. 예수님께 여전히 아기처럼 있다는 것은 자라지 않는 장애처럼 여겨 내가 나를 키워 장성한 자이고 싶었다.

성경에 매달리고, 신앙서적을 탐독했다. 기도 시간은 충분하게. 남들보다는 많이 해야 직성이 풀리고, 성취감이 생겼다.

지식은 쌓이고, 은사도 있지만 삶의 해결 능력은 없는 자로 추락하고 있었다. 내가 기쁨을 만들어 내고 싶었다. 내가 사랑도 용서도 주님이라는 빵틀에 반죽을 넣어 만들어 내려고 노력했다. 그런데 주님을 사용하는데 왜 만들어지지 않는지, 오랜 신앙의 시간들은 왜 열매를 만들어내지 못하는지, 하나님은 방관자이신 건지, 왜 일을 하지 않고 계신 건지.

광야의 시간을 걸으며 모세처럼 크게 사용하시려나, 비전인지 무모한 기대인지 스스로 답을 만들며 터널을 기어갔던 기억이 있다.

터널 밖으로 나와, 빵틀 정도로 사용할 예수가 아님을 배우고 나서야 터널을 기어 다닌 시간들이 너무 안타까웠다. 신앙은 삶이고, 삶을 끌어가는 힘이 십자가에서 죽어버린 나에게서 나오는 것이 아니고, 내 안에 오신 예수의 생명임을 알고서야 신앙의 길에 제대로 들어섰다.

이 진리를 전해야 하기에 다시 책으로 엮었다.

난 신앙인으로 살아간다.

주위에 보여주고 싶었던 신앙에서, 예수님과 나만 남겨진 신앙으로 걸어간다.

주님이 주신 선물을 이웃에게 자랑하고 싶어 꺼내다가 다시 집어넣고, 예수만, 오직 예수만 드러내야 한다는 훈계를 내 자신에게 던진다.

모든 것이 주님으로부터.
모든 것을 주님께서.
모든 것은 주님께로 돌아가리라.

귀한 진리를 전해주시고, 삶으로 드러내시는 고성자 목사님께 진심으로 감사를 드립니다.
아기 때부터 지켜보시고, 지금까지 기도와 격려로 응원해주시는 김수태 목사님께 진심으로 감사를 드립니다. 책이 출간될 수 있도록 격려와 도움을 준 큰딸 금아에게 고마움을 전합니다.

차례

서문   / 4

하나.

슈룹(하나님의 우산)   / 13

꽃보다 더 예뻐   / 18

걷기   / 23

영민엄마   / 28

김장   / 32

시어머님   / 36

우상숭배   / 40

빛 비춤   / 44

삶이란   / 49

광야   / 53

유전자검사   / 57

십일조   / 62

남편의 유품 / 67

그릇 / 71

근심 / 74

두려움 / 78

두려움 - 두번째이야기 / 80

능력(만용) / 83

기도 / 85

둘.

생명 / 91

길이요, 진리요, 생명이니 / 95

천국열쇠 / 99

나 아무것 없어도 / 103

성품 / 107

하나님의 자존심 / 111

평안 / 115

오지랖 / 119

바람의 노래 / 122

항상 기뻐하라 / 125

하나님의 지혜 / 128

날마다 구원을 이루라 / 133

봉순이 / 136

위로 / 141

주님 / 146

셋.

가정예배 / 153

교통사고 / 158

아름다운 그늘 / 163

캠핑 / 166

작가흉내 / 172

위로 - 두번째이야기 / 176

중심 / 181

잠 / 185

편지 / 189

하
나

슈룹(하나님의 우산)

새벽에 눈을 뜨자마자 처음 하는 일은 핸드폰에 들어온 문자나 톡을 확인하는 것이다.

전날 인부들을 거래처에 배정을 해놨는데 몸이 아파서 쉰다거나, 일이 생겨서 못 나온다는 문자를 확인한다. 오늘 새벽엔 석재가 보내온 톡이 있다. 어제 주일인데 친구의 결혼식에서 명준이와 축가를 부른다고 하더니 그 영상을 보내온 것이다. 침대에 누워 소리를 작게 해서 노래를 들었다. 임영웅의 〈이젠 나만 믿어요〉를 둘이서 부른 것이다.

톡에는 "망했다" 하고 보내왔는데 들어보니 엄마의 입장에선 훌륭하다. "뭐 가수도 아닌데" 가수는 한 곡을 연습에 연습을 거듭한 결과 아닌가.

　"궂은비가 오면 세상 가장 큰 그대 우산이 될게. 그

댄 편히 걸어가요. 걷다가 지치면 내가 그대를 안고 어
디든 갈게. 이제 나만 믿어요."

〈슈룹〉이라는 드라마를 보면서 하나님을 생각했다. 사극인
데 제목이 〈슈룹〉이라니 뭘까 하여 검색을 해보니 우산이라고
한다. 어제 재방송으로 보면서 엄마(왕비)와 아들(대군)이 한 우산
을 쓰고 걸어가는 장면이 엔딩으로 나온다. 왕의 아들이라고 하
는 계성대군이 은밀한 곳에서 여장을 하는 모습을 보고 중전인
엄마는 그 자리를 떠나 통곡을 한다. 세자가 아파서 어쩌면 죽
음에 이르게 되면, 다른 후궁의 몸에서 나온 왕자가 세자로 책
봉이 될 것이다. 그렇게 되면 중전의 자리는 위태로워질 것이고,
자신의 위치를 지키기 위해 다음 세자를 준비해야 하는데, 둘째
아들인 계성대군이 여장을 하다니 있을 수 없는 일이 일어난 것
이다. 엄마는 그 아들을 책망하지 않는다.

엄마인 왕비는 비오는 밤에 아들을 불러내 궐 밖에 있는 화실
로 아들을 데려가 여장을 시킨다. 그리고 화공이 여장을 한 왕
자를 그려서 준다. 밖에서 작업이 끝날 때까지 아들을 기다리는
어미. 그림을 들고 나타난 아들에게 아들의 다른 모습이 보고
싶을 때 보라고 하며 아들을 끌어안는다. 아들이 엄마에게 왜
이렇게 하시냐고 물으니 "엄마니까"라며 답을 한다.

엄마니까 덮고 가야 하는 삶. 아무에게도 들키고 싶지 않은 아들의 삶.

하나님께서 나를 품고, 덮고 가시는 사랑이 느껴진다.

커다란 우산으로 나를 덮고 걸어가는 따스한 아버지의 모습을 드라마를 보며 감격한다.

나의 허물이 얼마나 많은가. 나의 부끄럼이 얼마나 많은가. 세상 사람들이 나의 모습을 다 알고 있다면 지금의 내 자리는 없을 것이다. 하나님을 기만했던 일은 또 셀 수가 없다. 내가 기억하지 못하는 못난 짓은 얼마인가. 이런 나를 하나님께서 덮고, 다시 품으시고, 비가 오나 눈이 오나 변함없이 함께 걸어온 삶이다. 그래서 지금이 있다. 엄마라는 자리에, 권사님이라는 자리에, 소장이라는 자리에, 며느리의 자리에, 딸이라는 자리까지. 그 밖에도 나를 부르는 호칭은 많이 있다.

난 자식들의 허물을 다른 사람에게 잘 까발렸었다.

아이들은 "엄마, 제발 내 얘기 하지마"라고 당부를 하면 "뭐 어때서"라며 가볍게 생각했었다. 아이들의 자존심은 전혀 고려하지 않았다. 내 가정사를 다른 사람들의 반응과 상관없이 잘 전했다. 아마 자랄 때 집 얘기를 밖에 나가서 하지 말라는 엄마의 당부를 심하게 받은 반발심일지도 모른다. 아니면 "엄만 너무 심하게 단속하는 거 아니야?"라는 내 생각을 고집스럽게 이겨보고 싶었는지도 모른다. 아무튼 엄마의 태도에 많은 불만을 가지며 자랐다.

자라면서 부모님이 울타리라는 보호 개념을 느끼지 못한 탓인지, 난 아이들의 보호자이지만 그들을 덮어주려는 우산의 개념이 없었다.

'엄마니까', 최소한 '엄마니까' 모든 것을 덮고 품으려는 따뜻함이 없었다.

드라마를 보면서 미안한 생각이 많이 들었다.

그리스도 안에 있는 자들에게 주님의 거대한 우산이 우리를 덮고 품고 있다는 생각이 드라마를 보면서 떠올린 것이 감사하다. 어쩜 이리도 주님이 손에 쥐어주지 않으면 하나를 알 수가 없고, 깨달을 수가 없다.

내게로 오는 자들에게도 역시 우산이 되어주지 않았던 많은 시간들이 안타깝다.

궂은비를 피해 다가오는 자들에게 쓰고 있던 우산을 비껴쓰며 밖으로 내친 일이 얼마나 많았던가. 왜 이리 따뜻한 마음을 배우지 않았고, 나누지 못했던가.

지금 세상엔 언제나 궂은비가 내린다.

어떤 이들에겐 단비일 수도 있고, 어떤 이들에겐 폭풍우일 수 있다.

내 손에 들려준 하나님의 우산을 언제든 펼쳐서 내게 오는 자들을 씌어주는 어른이고 싶다.

꽃보다 더 예뻐

마음이 닫혀서 살 때엔 꽃집 권사님네를 드나들어도 큰 감흥이 없었다.

여러 종류의 꽃과 식물이 즐비했어도 "예쁘네" 하고 정말 소울 없이 내뱉었었다.

자연이 멋있다거나, 사계절의 순환에도 관심이 적었다.

아이들과 하루하루를 살아내는 일이 너무 버거웠고, 재정적인 압박이 크기도 했다.

사람과의 관계, 특히 남편과 시어머님, 동서에 대한 마음이 편치를 않았었다.

나름 친구 관계를 잘 맺으며 학교생활을 했다는 생각에, 사람과의 관계 맺기가 쉽다고 여겼다. 그래서 시댁 가족들과도 잘 지내리라 생각했는데 쉽지가 않았다.

이런저런 이유들이 마음을 꽉 채웠으니 시선이 다른 곳을 향하기 어려웠다.

신앙의 열심은 있지만 신앙의 열매라는 게 바로 맺히지 않으니 모든 게 답답했던 시절이었다.

그 시절이 결코 짧지도 않았고, 만만하지 않았다.

온통 나 중심에서 모든 게 출발하다 보니, 나를 불편하게 하고, 힘들게 하는 것은, 일단 거리를 두고, 그것이 발전하면 적대감으로 충만했었다. 내 안에 평안이 없으니 사물을 바라보는 심령 역시 멍하다고 할까, 아니면 나와 상관이 없다는 생각이 있지 않았나 싶다. 그러니 꽃은 꽃에 불과할 뿐이지, 꽃이 내게 위로가 되지 않았었다.

어쩌다 집에 화분이 생겨도 아예 관심이 없었다. 한번은 선물로 받은 화분을 받자마자 식물을 잘 기르는 성남이에게 보냈다. 난 소질이 없노라고, '나는 식물을 죽이는데 소질이 있나보다.'라고 웃었다. 성남이는 아파트 같은 라인에 살면서 십오 년 넘게 가깝게 지낸 동생이다. 나의 성향을 잘 알고, 내가 화초에 일자무식이고, 관심이 없는 것을 누구보다 잘 알고 있다.

주님의 은혜로 내 속에서 내가 조금씩 비워지다 보니 나 아닌

다른 곳으로 시선이 간다. 이웃들의 삶의 힘듦이 보이고, 지금까지 어려움을 이기고 살아낸 친구에게 위로의 말을 진심으로 건넬 수 있게 되면서 화초에게도 관심이 생겼다.

사무실 창가에 성남이가 가져다 놓은 제라늄에게서 꽃망울이 맺히고, 그 꽃망울이 점점 커져 자라는 것을 보면서 미소가 지어진다. 자신에게는 꽤나 무거울 꽃망울이 꽃을 피우기 위해 아래로 고개 숙이고 있던 꽃망울을 하나씩 위로 서서히 올리는 것을 보며 탄성이 나온다. "아이고 신기해라." 어쩜 이렇게 꽃을 피우다니. 자신을 감추고 있던 꽃망울을 온 힘을 다해 고개를 들어 올리는 과정이 너무 놀랍다.

나이 육십이 넘어 이 작은 화초에 감탄을 하는 나를 보고 성남이가 놀란다.

"성남아, 어쩜 이렇게 꽃을 피우니? 너무 예쁘다."

"언니, 그렇지? 난 제라늄이 제일 예뻐."

성남이가 사무실에 청소를 도와주러 오면서 분홍색 꽃이 만발한 제라늄을 보면서 말을 한다.

"언니, 난 줄기와 이파리가 부모 같다는 생각이 들어, 꽃이 부모의 진기를 빨아먹고 올라오는 게 자식같아.", "그렇구나, 하하하." 성남이가 이 작은 꽃을 보며 깊은 통찰력을 갖고 있다는 게 놀랍다.

친구 송숙이가 제라늄이 심긴 화분을 선물로 주었다. 이 아이(성 남이 표현)도 사무실 창가에 놓여 있는데 아주 작게 꽃망울이 맺히 더니 하나씩 고개를 들기 시작했다. 빨간 꽃이 보자기에서 조금씩 삐지고 나온다. 신통할 지경이다. 왜 진즉에 이런 기쁨을 갖지 못 했을까 하는 아쉬움으로 시작해서 이렇게 보고 느끼는 것에 감사 를 더해준다.

작은 화초의 생명도 이처럼 신기한데 우리 안에 들어온 하나 님의 생명은 우리를 통해 얼마나 아름다운 꽃을 피우는가.

사무실 일을 마치고 집안으로 발을 디디는데 "엄마, 다녀오셨 어요? 수고하셨어요." 금아가 반갑게 인사를 건넨다. 난 금아를 끌어안고 "꽃보다 네가 더 예뻐." 하며 원을 그리며 빙글빙글 돈 다. 얼마나 놀라운 생명의 기적인지 모른다. 금아와 내가 이렇게 기뻐 안고 행복할 수 있다는 것을 상상이나 할 수 있었겠는가. 서로 반목하고, 갈등하고, 질타했던 시간들의 기억이 희미해지 는, 그래서 내가 그렇지 않았던 것처럼, 우리의 과거를 잊어버리 게 만드는 행복감은 주님의 생명의 꽃이고 열매다.

금아의 목에 키스를 하면서 "딸, 사랑해, 고마워."

예수의 십자가의 죽음으로 이 땅의 모든 것이 살아났다. 생명이 있어 기식하는 모든 것에는 예수의 생명이 있다. 하물며 예수를 그리스도로 고백하는 자에게 들어온 생명이란 얼마나 놀랍고 놀라운 것인가. 사람은 표현하고, 반응하고, 의지가 있어서 노력하는 자들 아닌가. 그런 자에게 들어온 생명은 상상하기 어려운 열매와 꽃이 열릴 수밖에 없다. 이것을 기대조차 못하는 자들에게 들려주고 싶다. 금아와 내가 회복된 것 이상으로 기적이 일어난다고 말이다.

주님을 경험하는 일들이 쌓여 꽃이 피고 열매가 열리는 아름다움이 넘치길 기도하며.

걷기

사무실 아저씨가 보내온 톡에서 걷기 예찬이 넘친다.

하루에 사천 보를 걸은 사람은 우울증이 없어진다.

하루에 오천 보를 걸은 사람은 치매, 심장질환, 뇌졸중을 예방한다.

하루에 칠천 보를 걸은 사람은 골다공증, 암을 예방한다.

하루에 팔천 보를 걸은 사람은 고혈압, 당뇨를 예방한다.

하루에 만 보를 걸은 사람은 대사증후군을 예방할 수 있단다.

지금은 틈이 나면 걸으려고 하지만 금아가 아기였을 때는 걷는 것이 싫었다.

금아가 감기에 걸려 병원을 갈 때도, 얼마 되지 않는 거리인 아파트에서 시내 병원을 가는데도 언제나 택시를 탈 정도로 걷지를 않았다. 게으르고 귀찮은 게 많았다. 대학 때는 서울 지리를 잘 몰라서 학교 근방을 벗어나 친구들과 다른 곳으로 가면, 집으로 돌아가는 길을 찾기 위해 많이 걸었다. 버스 정류장 몇 개는 거뜬히 걸어 다녔는데, 결혼을 하고 아기를 낳은 뒤엔 육아의 어려움으로 지쳐있었는지 걷는 것이 싫었다.

지금은 용인 시내에 나가려면 금아가 어릴 적에 살았던 아파트보다 더 먼 거리이지만 거의 걸어서 다닌다. 장날이라도 되면 카트를 끌고 짐을 잔뜩 싣고서 걸어 다녔다.

남편이 가고 난 이후엔 장날에 시장에 가는 일이 없어졌다.

비오는 날엔 우산을 쓰고 집 근처의 산책로를 걷다 보면 절로 기분이 좋아진다. 일주일에 두세 번은 혼자서, 아니면 아이들과 걷는다. 함께 걸으면서 이런저런 대화를 하다보면 관계 증진에 좋다.

특히 가족과의 관계가 어려울 때는 무조건 집을 나와서 걸었었다. 집에 있다 보면 더 짜증이 나고 어떤 돌발 상황이 펼쳐질지 모르기에 자리를 피하기 위해서라도 운동화를 신고 나와 걸었었다. 걷다 보면 문제의 원인을 다시 짚어볼 수도 있고 풍랑이 일던 마음이 가라앉기도 한다.

혼자 걸을 때 주님께 집중하기가 가장 좋다.

처음에 불평과 불만을 잠재우기 위해 단순한 기도를 시작한다. "아버지, 감사합니다."를 계속 반복한다.

생각을 정리하고 마음을 정리하기에 딱 좋은 기도다. 억지로라도 감사기도를 시작하면 문제를 비껴가 감사의 조건이 보이기도 하고, 감사만이 능력임을 체험하기도 한다. 어떨 땐 주기도문이나 간단한 말씀을 반복해서 암송을 한다. 아니면 속으로 찬양을 계속 부르기도 한다.

시끄러운 생각과 마음을 잠재우기 위한 방법이 각자에게 있어야 시간을 채워갈 수가 있다.

그렇게 걷다가 다리가 많이 아팠던 적이 있었다.

정형외과를 찾아가니 오른쪽 오금 쪽에 있는 연골이 찢어졌다는 것이다.

찢어진 연골은 나이가 젊으면 수술을 해서 이어 붙이지만 내 경우는 탄력이 없어 잘라내야 한단다. 오른쪽 다리가 많이 아파서 한동안 절뚝거리며 다녔다.

인대 강화 주사를 여러 차례 맞았고 영양제도 챙겨 먹었다.

그러면서 조금 나아졌는데 왼쪽 오금의 연골이 또 찢어졌다. 그때는 남편이 서울성모병원에 입원해 있을 때였다. 용인에서 서울로 가는 고속버스를 타고 터미널에 도착해 자리에서 일어나면 걸을 수가 없었다. 다리 한쪽을 질질 끌면서 버스에서 내리곤 했다.

고속버스터미널에서 병원까지 다리를 절뚝거리며 걷고 있노라면 다른 쪽까지 아파왔다.

병원에 가서 주사를 맞아가며 남편 병문안을 가는 일이 반복됐다.

지금은 관절에 좋은 약의 효험인지, 인대강화주사 덕인지, 거의 통증이 없다.

일상의 삶이 모두 다리를 사용해야 하지 않는가. 다른 곳이 아프면 두 다리로 움직여서 그나마 자유롭게 병원을 찾아갈 수 있는데 다리가 아프면 다른 이의 도움이 필요하다.

두 다리로 걸을 수 있다는 게 얼마나 감사한지 그때서야 알게 됐다.

걷기 싫었던 시절이 떠오르면서 주어진 건강함에 감사하지 못했던 안타까움이 컸었다.

예수님의 사역에 앉은뱅이를 일으키는 내용이 있다.

육신의 앉은뱅이를 걷게 하시는 기적이 오늘날 영적인 앉은뱅

이어서 걷지 못하는 자들을 주님이 걷게 하신다. 두 다리의 건강함으로 어디든 자유롭게 내 의지로 다닐 수 있었던 육신의 모습에서, 이젠 영적으로도 자유로이 걷는 자가 되길 소망한다.

영민엄마

책을 내 보니 그동안 연락을 주고받지 않았던 지인들에게 책을 보내준다며 주소를 받으면서 다시 소식을 주고받을 수 있어서 여간 감사한 게 아니다. 그중에 한 명이 영민엄마였고, 전화로 이야기를 나누다가 약속을 정하고 오늘에서야 만났다.

영민엄마는 석재와 영민이가 선교원을 같이 다니면서 친해졌다. 집도 우리 집과 가깝게 있어 자주 오가며 지냈다.

삼척이 고향인 영민엄마는 잘 웃고, 인심도 좋고, 성품이 착했다.

서로의 집을 오가며 밥도 먹고, 수영장에도 함께 가고, 선교원 행사에 서로 도우며 재미나게 지냈다. 여름이면 영민이네 외가집인 삼척으로 아이들을 데리고 여행도 갔었다. 영민이 삼촌의 봉고차에 아이들과 엄마들을 가득 태우고, 거기에 짐까지 겨우 싣고 아빠들을 제외한 휴가를 떠났었다. 영민이 삼촌은 남편이 다니는 직장의 직원이었다. 외할머니네 도착해 바다에 가서 수영을 하고 다시마를 바다에서 건져와 마당에 말려 가져오기도 했다. 영민이 외할머님도 얼마나 풍성한 대접으로 따뜻하게 맞이해 주셨는지, 우리와 다른 친구네까지 네 집의 엄마와 아이들의 북새통에도 웃음을 잃지 않으셨다. 선교원 2년에 다 같은 초등학교를 다녔으니 오랫동안 자주 만났었다.

그러다 어떤 이유에서인지 잘 기억이 나지 않는데 연락이 끊겼고, 영민엄마는 이혼을 했다고 들었다. 그 후로 얼굴을 보지 못하다가 같은 용인에 살면서도 오늘에서야 만났다.

영민엄마도 석재 아빠가 눈에 선하다며 남편의 죽음을 책을 통해 처음 알게 되어 충격이 컸다고 한다.

카페의 문을 열고 들어가니 미리 와있는 영민엄마가 달려와 반갑게 맞이한다.

손을 붙들고 한 손으로는 어깨를 감싸며 인사를 나눴다.

차를 주문하고 이층으로 올라가 자리에 앉아 살아온 이야기를 나눈다.

이야기가 끊어질 틈이 없이 그동안에 밀린 이야기를 풀어 놓으니 두서가 없고, 시간의 흐름을 따라갈 수가 없을 지경이다.

아이들 자라온 이야기, 영민이 아빠와의 결별, 남편이 항암을 하면서 견뎌온 이야기 등 슬픈 이야기도 웃으면서 이야기를 할 수 있게 되었노라고 주님의 은혜가 컸다고 결론을 내렸다. 만남이 얼마나 따뜻했는지, 얼마나 고마웠는지, 헤어져 돌아오는 발걸음이 가벼웠다.

이젠, 삶이 이 모양 저 모양으로 치이고, 치이다 보니 부끄러울 것이 없고, 감추고 싶은 과거도 없다. 특히 주님 안에서 쏟아 놓는 과거란 모든 것이 삶을 성장시키는 소재가 되어 있다는 게 여간 감사한 일이 아니다. 주님을 붙들며 각자의 어려움을 견디고 지나온 시간들이 훈장처럼 아름답기까지 하다.

아이들이 어릴 때는 공부가 중요하고, 대학 진학이 중요하고, 취업이 중요해서 겉으로 보여지는 것에 매달리지만, 내 기대와 노력의 한계를 벗어나는 삶을 경험하면, 그저 지금의 모습 자체가 소중하고 대견하다. 영민이도 아픔과 상처 속에서도 잘 자라주었다니 감사하고, 석재 역시 또 다른 아픔 속에서 견뎌냈으니 감사하다.

좋은 사람들이 여전히 주님을 붙들고 살아온 시간이 너무 고맙다.

어려운 상황에서도 포기하지 않은 신앙이 감사하다.

주님의 인내심에 박수를 드린다. 영민이 엄마에게도 크게 박수를 쳐주고 싶다.

주님 손에 붙잡혀 있음이 얼마나 축복인지 다시 감사 감사하면서, 헤어지면 언제 시간을 내어 다시 만날지 모르지만 주님과 함께 걷는 삶이기에 안심이다.

김장

친구가 보내준 김치를 우리 집에 있는 통에 정리를 하고서 싱크대에서 통을 씻는데 남편의 목소리와 웃음이 생생히 들려온다. 가족이 모두 함께 김장을 했던 기억까지 떠오르면서 말이다.

시아버지가 돌아가신 후, 남편은 시댁 텃밭에다 배추 모종을 심고 길러 쪽파와 갓과 대파를 수확해서 김장을 담갔다. 형님네 몫까지 챙기면서 김장의 규모가 엄청났다. 가족 모두가 참여해서 한바탕 일을 치루고는 집으로 돌아와 맛있게 담근 김치를 먹어 보더니 평소엔 말수가 적은 남편도 엄청 기뻐했다. 배추 모종이 죽어서 다시 사다가 심었다느니, 배추가 어떻다느니, 절임 정도는 어떻다느니, 양념이 어떻다느니 스스로 대견한지, 자랑스러워하는 건지 큰소리로 웃으며 말하곤 했다.

김장이 맛이 있으면 겨우내 김치를 먹으며 가족들 모두 즐거워

했다.

어쩜 남편의 목소리가 그렇게 옆에서 말하듯 들려올까 싶을 정도였다.

남편의 웃음에 나도 같이 웃음이 나온다.

이번 김장은 남편의 부재에 내가 김장을 하지 않는다는 것을 알고는 친구들과 이웃들의 손길로 김치가 풍년이다. 보관할 곳이 부족해서 김치냉장고를 한 대 더 구입했다. 배추김치에 총각김치에 파김치까지 너무 풍성하다.

몇 주 전에 초등학교 동창회에서 소풍을 갔었다.

오산에서 버스를 타고 강화를 다녀오는 코스였는데, 가는 길이 밀려 구경은 얼마 못하고 횟집으로 가서 늦은 점심을 먹었다. 식당 반찬도 넘치는데 친구 옥순이가 가져온 묵은지가 얼마나 맛이 있던지 여기저기서 아우성이었다. 김치에다 무엇을 넣고 만들었는지부터, 솜씨가 너무 좋다고 옥순이를 띄우고 또 띄웠다. 크게 시지도 않고, 짜지도 않고, 사각거리는 식감이 좋았다. 김치를 담근지 거의 일 년 전인데도 맛이 좋았다. 육십이 넘어 김치를 나름 한다는 친구들 모두 입을 모아 칭찬을 했다.

강화에서 오산에 도착해 아쉬운 인사를 건네면서 옥순이에게 다가가 작은 소리로 말했다.

"옥순아, 나 과부됐어, 너 김장할 때 생각나면 나 김치 좀 줘." 하고는 인사와 함께 헤어졌다. 그리고 얼마 후 옥순이에게서 보이스톡이 오면서 김장을 했노라고, 그러니 김치를 준다고 오산으로 오라고 한다. 내가 말한 것을 기억하고 준다니 너무 고맙고 감사해서 주일 예배를 마치고 오산으로 갔다.

부담 없이 먹으라며 친구가 전해준 김치 통을 받아 돌아오는 길에 많은 생각이 들었다.

남편이 있었으면 김장을 함께 하고 넉넉히 준비해서 이웃들과 나눠 먹고 했을 텐데, 지금은 이렇게 받다니 참으로 삶이 재미있다는 생각이 들었다. 언제나 한 방향으로만 살아갈 줄 알았는데, 방향이 바뀌어 주기도 하고 받기도 하고, 삶의 모습이 예전 그대로가 아님이 신기하다.

삶의 방향이 어떻게 언제 바뀔지 모른다.
따뜻한 이웃들로 인해 더욱 감사하고 싶다.

시어머님이 전화로 불러주신 김장 재료를 적어가며 오일장이 열리면 남편과 함께 시장을 갔던 기억이 떠오른다.

생새우는 미리 사놔야 싸게 살 수 있다고 말씀하시던 어머님의 목소리가 떠오른다.

밭에서 배추를 수확해서 마당으로 가져와 다듬고, 창고에 있는 큰 그릇을 모두 가져와 배추를 절인다. 큰 거, 작은 거, 셀 수가 없다. 시어머니의 총괄 아래 허리가 끊어지는 고통을 참아가며 김장 준비를 한다.

시댁의 뜨락에 가득 쌓아놓은 김치통을 보고는 가족들은 모두 웃었다. 많아도 정말 많다.

"저걸 언제 채울까?"

그러나 열심히 배추에 속을 넣다보면 그 많은 김치통은 채워지고, 각자 자기 집으로 갈 채비를 한다.

이 모든 것이 추억이 되었다.

삶이란, 지금이라는 단어가 무색하게 빛의 속도로 과거로 돌아가고 추억으로 쌓인다.

좋은 기억. 나쁜 기억. 부끄러운 기억. 보람된 기억.

우리의 기억은 삶의 필름에서 인화된 몇 안 되는 사진들이다.

우리를 아름답게 키워가는 재료이고 소재라 여긴다.

그래서 답은 "감사"뿐이다.

시어머님

"너 바쁘지? 이번 추석에 아범한테 안가니?" 시어머님에게서 전화가 걸려왔다.

"네, 그렇잖아도 추석 전에 아범한테도 가고, 어머님 뵈러 갈 거예요."

"아범한테 가고 싶으세요?"

어머님은 남편이 떠난 지 2년이 다 되어 가는데 남편의 묘에 가시자 했어도 가지 않으셨다.

'아니, 무슨 마음이 들으셨나, 돌아가시려나.' 속으로 생각이 들었다.

시댁은 남편이 묻혀 있는 곳과 가까운 거리인지라 남편에게 들렸다가 시댁에 들러 집으로 오고는 했다.

금아와 함께 어머님을 모시고 자연장지에 안치되어 있는 남편의 유골함이 있는 곳으로 향했다. 주차장에서 남편이 있는 곳까지는 백 미터도 안되는 거리인데도 워낙에 연세(1930년생)도 있으시고 거의 걷지를 못하시니 몇 발자국을 옮긴 후 자리에 털썩 주저앉으신다.

"어머님, 업히실래요?"

"아니 천천히 가자."

앉았다가 다시 일어서는 것은 더 어렵다. 어머니 뒤에서 안고 일으키려는데 어머님이 말리신다.

"애, 이래도 내가 얼마나 무겁다고."

"내가 할게."

아마 30키로나 나가실까.

"진짜 무겁네요."

예전 같으면 어머님에게 하지 못할 말도 이제는 하는 나이가 됐다.

지팡이를 잡고 걸으시는데 허리가 90도로 꺾여 있으시니 키가 일 미터도 안 될 듯싶다.

비틀비틀 천천히 걷다가 다시 바닥에 앉았다를 반복하신다.

네 번을 쉬고 남편의 묘 앞에 당도했다.

어머니는 털썩 주저 앉으며 손수건을 쥐고 있던 손을 펴시고

는,

"강영아, 보고 싶었어."

"강영아, 얼마나 보고 싶었다고."

남편의 이름이 새겨진 돌을 끌어안고 작은 몸을 비틀면서 우신다.

어머님의 신발이 벗겨지고, 옷이 엉클어지면서 큰 소리를 내시며 우신다.

"왜 여기 누워있니. 너를 낳고 이름을 강영이라고 지었는데 왜 먼저 갔나…"

눈물과 콧물이 뒤엉켜 돌 위에 물기가 흥건하다. 어머님의 울음소리가 작은 골짜기를 메웠다.

강영이를 보내고 밤마다 많이 울었노라고, 당신이 아들을 앞세울지 몰랐노라고 흐느끼며 말을 이으신다.

곁에 서있던 금아도 울고, 나도 어머님의 등을 어루만지며 눈물을 쏟았다.

남편의 장례식을 치르고 나서 집에 계신 어머님을 찾아가 어머님 품에서 목놓아 울었을 때, 어머님도 함께 우셨지만 그 후에는 한 번도 어머님의 이런 모습을 본 적이 없었다.

스트레스를 많이 받아서 아범이 간 게 아니고 걔가 타고난 명이 그런 거라고 나를 위로하시곤 했다. 체구는 아주 작지만 일을 결정하고 행동하실 때는 오히려 시아버님보다 더 남자다우셨다. 스스로 독종이라고 말씀을 하시면서 속내를 잘 비추지 않으시는 분이다.

나도 내 자식이 내 앞에서 먼저 간다면 나는 어머니처럼 의연할 수 있을까. 구십이 넘어 혼자 지내시면서 아들을 잃은 슬픔을 견디시는 어머니를 흉내라도 낼 수 있을까.

아들을 잃은 어머니의 마음을 남편을 잃은 내가 어찌 헤아릴 수 있을까?

잠이 오지 않는 긴긴밤을 어머니는 무슨 생각을 하며 보내셨을까?

아무도 찾아오지 않는 날에 그 긴 하루를 어떻게 보내신 것인지.

나도 이런 날을 맞이할지도 모른다. 아니 분명 맞이한다. 떠나는 과정엔 오롯이 혼자이지 않은가. 어머니의 굽은 등을 손으로 감싸 안으며 많은 생각이 오고 갔다.

우상숭배

어릴 적, 엄마는 아버지의 바람을 잡고자 점을 보러 다니셨고, 아버지가 사업하신다고 말아먹은 빚을 청산하시기 위함인지 굿도 하셨다.

난 유독 엄마의 행보에 관심이 많았고 따라다니는 것을 좋아했다.

어릴 적이었다. 큰이모네 오빠가 결혼을 못한다고 엄마하고 점을 보러 가신다는 것이다.

물론 나도 따라나섰다. 오빠에게 뭐 좋지 않은 게 있다고 점쟁이가 말을 하면 이해도 못하면서 재미있어 했다. 부적을 만들어주는 것을 신기하기도 했다.

엄마는 점과 굿의 효험을 보지 못하셨다. 여전히 아버지는 집으로 돌아오시지 않았고, 엄마에게 옷을 사달라고 하면 "네 아버지가 진 빚을 갚는 중이야"하며 늘 인색하셨다.

그 후, 엄마는 성당을 다니시기 시작했다. 엄마를 따라 성당

에도 가봤다. 그리고 내가 초등학교 고학년 정도에 엄마는 절로
마음을 굳히셨다.

엄마가 다니는 서울 도선사라는 절에는 차만 타면 멀미를 하
면서도 따라다녔다.

엄마가 백팔 배를 하면 옆에서 따라하다가 지쳐서 앉아 있곤 했
다.

주지스님의 설법을 듣고, 절밥을 먹고 집으로 돌아오곤 했다.
초하루 보름이면 깨끗이 씻고 정갈하게 옷을 입고 가시는 엄마
의 모습이 눈에 선하다.

고등학교 때는 절에서 수련회를 한다기에 참석을 했다. 백팔
배를 하고는 얼마나 다리가 후들거렸는지 법당에서 내려오는 길
이 무서울 지경이었다.

지금도 구순이 넘은 엄마는 아침에 일어나 세수를 하고는 벽
을 보고 앉아 반야심경을 암송하신다. 하루도 빠짐없이 말이다.
(구원 기도의 일 순위였던 엄마는 얼마 전 마지막 인사도 없이 떠나셨다)

고등학교 3학년 때는 정월대보름이었는데, 오곡밥을 먹고는
엄마가 밖으로 나오라고 말씀하셨다. 보름달을 보고 소원을 빌
라고 하신다. 달이 훤하게 떠 있는 하늘에다 두 손을 비벼가며
대학에 붙여달라고 빌었다. 1차에서 떨어져 2차였던 대학에 입

학을 했다.

　교회에서 운영하는 유치원을 다니면서, 초등학교 저학년까지 교회를 다닌 것 말고는 이렇게 철저히 우상 숭배하는 엄마 밑에서 신앙의 열심을 보고 자랐다.

　결혼 후 금아를 낳고 교회를 다니기 시작했을 때, 벽에 붙어 있는 부적을 떼는 일이 얼마나 두려웠는지 모른다. 막내 이모가 남편과 궁합이 맞지 않는다고 부적을 만들어주신 것을 베개 속에 묻어 두었는데 그것도 결단이 필요했다.

　겉으로 보이는 것은 떼어 내고, 버리고 태우면서 정리를 했는데, 마음의 정리는 참으로 오랜 시간이 필요했다. "아버지 감사합니다." 기도를 반복해서 할 때는 "관세음보살"이 먼저 튀어나오는 일도 있었다.

　그렇게 신앙의 외형을 조금씩 갖춰가면서 우상숭배는 하지 않는 다는 자부심이 생겼다.

　절에도 안 가고, 영적으로 더러운 곳도 안 가고, 노래방도 안 가고, 꽤나 거룩한 모습을 갖췄다고 여기는 데서 문제가 생겼다.

　거룩한 모습은 갖췄는데 신앙의 기쁨과 감격이 없다는 것이다.

절제하고 단절하면서 세상 속에서 무인도의 삶을 살아가는데, 계속 문제는 터지고 해결 방법도 없고, 더욱이 나의 심령은 평안이 없었다.

복음을 만나면서 내가 십자가에서 죽었다는 것을 삶에서 녹아내지 못하는 게 우상숭배임을 알게 됐다. 여전히 하나님 중심의 삶이 아니라 "나" 중심으로 살아가는 삶이 하나님과 원수가 되는 삶이고, 거룩의 외형에 붙들린 나의 모습들이 진정한 신앙이 아니고 종교였음을 보게 됐다.

외형은 액자의 테두리일 뿐이다. 그 안에 담긴 삶의 내용이 예수로 인한 삶이 아니기에 능력도 없고, 평안도 없고, 담대함도 없는 것이다.

오직 예수 아닌 삶은 모두 우상숭배다. 나의 행동의 동기들이 거의 언제나 나의 이기심이었기에 발각이 되면 자존심이 상하고, 부끄럽고, 피하고, 숨었던 것이다.

욕심에 사로잡혀 뉴스를 장식한 사람들을 향해 날렸던 화살은 결국 그들이나 나나 다를 게 없음으로 판결이 났다.

주님.

나의 실상을 보게 하소서. 남과 비교하는 데서 벗어나 오직 주님과 나만 남는 신앙이길 원합니다.

빛 비췸

나는 꽤나 괜찮은 사람인 줄 알고 살아온 게 거의 50년이나 된 듯하다.

집에서 오빠와 동생과 다툼이 일어나도 나는 여전히 저들보다 낫다는 생각이었다.

한번은 오빠와 다투는데 (사실 오빠와 제대로 싸워본 적이없다. 오빠가 착해서 내 잔소리나 짜증에 반응하지 않았다) 오빠를 밀치면서 런닝을 쫘악 찢어놨다. 엄마의 야단이 있었지만 난 잘못했다는 반성이 없었다.

약자를 보호해야 하는 정의감에 친구가 불리한 상황이 되면 앞장서서 싸움을 했다.

초등학교 6학년 때 친구 준태네 집에서 여자, 남자 섞여서 공부를 하고 있었다.

과외를 받는 친구끼리 시험 공부를 한다고 모인 것이다.

동네 아이들이 몰려와서 남자 여자들이 모여 있다고 놀려대기 시작했다.

우린 떼로 나가 싸움을 시작했다. 물론 앞장서서 나간 아이는 나였다.

아버지 닮아서 덩치가 컸고(그때 키가 지금까지다) 뚱뚱하기까지 했으니 존재감이 위협적이라고 스스로 여겼다.

초등학교 때 운동장에서 쉬는 시간이나 방과 후에 고무줄놀이를 많이 했는데, 칼을 가지고 고무줄을 끊는 게 남자 아이들의 일이었다. 고무줄을 끊고 도망가는 아이를 현장에서는 잡지 못한다. 뚱뚱하니 잘 달리지 못한다. 교실에서 만나면 야단을 치거나 때리곤 했다.

난 정의로워서 더러운 꼴을 보지 못하고 살았다. (내 의가 충만)

목소리가 워낙에 커서 '기차 화통을 삶아 먹었다'는 소리를 듣고 자랐다. 예전 기차에 연료로 석탄을 사용했는데 화통이란 석탄이 연소되는 굴뚝이다. 기차가 경적을 울리고 역으로 들어올 때 나는 소리가 얼마나 컸는지 주변까지 넓게 퍼져나갔다.

목소리도 크고, 덩치도 크고, 공부도 잘하는 편이니 아이들은 감히 나에게 대들고 덤비지를 않았다. 그러니 나는 자연스럽게 우월감이 넘치는 아이였다.

이 목소리는 집에서 공부방을 운영할 때 최고 절정이었다.

숙제를 안 해오고, 아무리 가르쳐도 못 알아 듣고 딴 짓할 때 데시벨이 소음 수준을 넘어 귀에서 피가 날 정도였다. (금아가 말 해줘서 알게 됐다)

"엄마, 집에 들어오는데 엄마 소리가 1층에서도 들려."

우린 14층이다.

대학에 가서 과대표를 하면서 교수님 한 분의 강의를 보이콧을 했다. 생화학을 배우는데 가뜩이나 어려운데 묵은 노트를 가져와 서 가르치시니 도저히 알아들을 수가 없었다. 학생들의 불평을 학 과장님께 전했고, 다른 교수님으로 교체를 부탁드렸지만, 그 교수 님은 달라지지 않으셨으니 최후에 강의실에 아무도 들어가지 않 는 전법을 사용했다. 학과장님의 전원 유급이라는 위협에도 강의 에 참석하지 않았고, 버텼다. 결국 교수님은 학교를 떠나셨다.

학장님과 교수님들 사이에서 내 이름이 회자됐고, 졸업 후에 조교 자리도 주지 않았다.

과대표를 삼년이나 했으면 취직을 알선해 주시거나, 아님 조교 자리라도 주는 관례가 있었다.

앞장서서 일을 추진하거나, 일을 무마시키거나 하는 일의 중심에 거의 내가 있었다.

리더십이라고 하는데 난 리더십이란 단어보다 일이 보일 때 나서서 일을 해결하고 싶은 마음이 컸었다.

이런 태도는 시댁의 일이나, 친정은 물론이고, 교회 안으로 들어와서도 꺾이지 않았다.

가나의 혼인 잔치에서 포도주가 바닥이 났을 때, 종들이 예수님께 와서 포도주를 구하는 부탁을 하는 예화처럼, 돌 항아리에 물을 가득 채워야 물이 포도주로 변하는 기적이 일어나는 시간이 내게도 필요했다. 눈물과 한숨과 절망의 터널이었다.

벗어나지 못하게 강권하시는 하나님의 손길로 항아리에 물을 붓고 있었다.

눈물의 물이든, 땀의 물이든, 기도의 물이든, 금식의 물이든 뭐든 항아리에 붓고, 또 부었다.

내 삶이 순종의 삶으로, 내 마음이 주님께 엎드러지기까지 말이다.

내 자신이 하찮은 존재라는, 하나님 아니고서는 나를 구할 분이 없다는 마음이 조금씩 밀물로 잠겨가기 시작했다.

그 후 복음을 만나고,

> "나는 아무것도 아닙니다. 주님의 사랑이 없으면,
> 나는 아무것도 모릅니다. 주님의 지혜가 없으면.
> 나는 아무것도 못 합니다, 주님의 능력이 없으면.
> 나는 한순간도 못삽니다. 주님의 생명이 없으면."

이 찬양의 가사가 내 심령 깊숙이 젖어 들기 시작했다.

내가 얼마나 교만과 자만에 취해 살았으면 주님이 세탁기에 넣어 돌리셨을까. 이 모든 일을 "주님이 하셨구나"라는 사람에 대한 원망이 벗겨지면서, 나에 대한 주님의 사랑에 눈을 뜨게 됐다.

"나"라는 존재의 속성에 주님이 빛을 비추지 않으셨으면 어둠 속에서 헤어 나올 수 없었을 것이다. 괜찮은 미연이가 아니라, 주님의 은혜 아니고는 사람이 될 수 없는 자였구나..
그래서 구원이 감사가 되고, 감격이 된다.
주님 아니고는 어둠 속에 있는 나를 볼 수 없다는 간절함으로 아침의 문을 연다.
주님의 빛이 나를 더욱 비추시기를.

삶이란

　이웃집의 삶이 보이는 것이 언제부터일까.

　어제는 초등학교 동창의 딸 결혼식에 다녀왔다. 그동안 남편의 암 투병과 사무실 일로 몇 년 동안 동창회 모임이나 친구 관계에도 적극적으로 참석을 할 수 없었다. 지난 달 동창회 소풍을 계기로 자녀들의 결혼식에 주일날이 아니면 참석하려고 한다. 내 자녀들의 결혼식에 친구들이 올 것이 예상하기도 하지만 친구의 반경이 넓어지니 목사님 말씀을 정리한 것을 톡으로 보내기도 하고 책을 전하기도 한다. 어찌하든 복음이 조금씩이라도 침투(?)하길 바라서다.

　동창의 자녀 결혼식에 가기 전에 친구 종숙이네를 먼저 방문했다. 운전을 하고 오산으로 향하는 차 안에서 주님께 "종숙이의 구원을 위해 어떻게 말해야 할까요. 이 땅에서 얼마 남지 않은 시간인데요."조바심으로 기도를 하면서 주님께 물었다. 주님은

"네가 가는 것이 복음이고, 빛이다."라며 나의 조바심을 내려놓으라 하신다. 일은 주님이 하신다는 말씀과 함께 말이다.

친구들이 단톡방에서 종숙이의 안부를 묻고, 기도해주고, 방문한 사진을 올려놓는 것을 보면서 아무 깨달음도 없었던 나에게, '살아온 삶을 정리하는 종숙이가 삶을 잘 살아왔구나.'라는 마음을 주신다. '아, 그렇구나.' 친구의 삶을 정리할 말조차 나는 가질 수 없었구나 생각하며 다른 친구의 대동없이 종숙이를 만났다.

준비해간 딸기를 씻어 종숙이에게 권하면서 서먹할까 싶던 시간들을 웃음꽃으로 채워가며 얘기를 나눴다. 그러면서 종숙이와 친했던 동창의 안부를 전하며 잊고 지냈던 친구 소식에 당장 전화를 걸어 스피커폰으로 과거를 소환했다. 그러면서 종숙이가 삶을 잘 살아왔노라고, 친구들의 정성이 이럴 수가 없다고 위로를 건넸다. 식당을 운영했던 종숙이는 친구들의 자녀의 결혼식에는 참석이 어려워 축의금만 보냈노라고, 장례식에는 식당 문을 닫고 늦게라도 갈 수 있어서 빠지지 않고 다녔노라고 말을 한다.

종숙이는 예감이 좋지 않았던 징조를 미루고 미뤄, 큰 딸아이 결혼식을 치루고 병원을 찾아가 진단을 받았단다. 췌장암 말기라고 의사는 보호자도 없는 자리에서 선고를 했고, 남은 시간은 6개월이라고 판사가 판결문을 읽고 망치를 두드리듯 알렸다고 한다. 오히려 종숙이는 담담했단다.

이렇게 이 땅을 떠나는구나 싶은 마음이 들었고, 눈물도 나오지 않았단다. 항암을 시작하며 생명의 기간을 연장하고 있는데 의사가 선고한 6개월을 넘기고 있다고. 아침에 눈을 뜨면 정말 기적 같은 하루가 주어진 것에 감사한다고 말을 한다.

결혼식 시간이 다가오면서 종숙이의 손을 잡고 기도했다. 사람들을 통해 종숙이에게 주신 위로에 감사하다고, 주님께서 더욱 종숙이를 위로해 주시길 기도했다.

우리의 죄로 예수가 이 땅에 오심과, 죽으면 천국 가야 한다고 기독교의 교리를 나누려했던 나는 종숙이에게 하나님께서 너를 사랑하셔서 이렇게 전하는 것이라는 위로의 말과 기도로 방문의 목적을 마무리했다.

가난했던 어린 시절을 이기고, 열심히 살아 재산을 일구고, 형제간에도 우애있게 지냈다는 친구의 삶의 이야기를 들으며 내 삶은 어떤가 싶다.

하루하루 항암의 어려움을 견디면서, 나를 반갑게 맞이하고,

웃으며 배웅을 하는 종숙이에게 다시 오겠노라고 안아주면서 종숙이의 삶을 이해하는 범주 안으로 조금씩 들어간다.

오늘은 어제 떠난 이들이 가질 수 없는 날이다. 어제 떠난 이들이 그토록 원했던 오늘이다.

난 지금 오늘을 맞이했다. 이 귀한 날을 넘치는 감사로 채우고 싶다. 곁에 사람을 보내주신 주님께 감사하고, 곁에 있는 사람에게 고맙다고 전하고 싶다.

종숙아~
하루만, 오늘 더 하루만 버티자.

이 책이 출간 될 즈음에 종숙이는 이 땅을 떠날지도 모른다. 어쩜 아무 병이 없던 사람이 종숙이보다 먼저 갈 수도 있다.

광야

부모로부터 양육을 받고, 성인이 될 때까지 부모에게 의지하던 모습들을 주님은 나의 신앙 성장에 걸림돌이라 여기셨다. 그 걸림돌을 하나씩 제거하고, 깨뜨리는 방법으로 내 편이라 여기고, 가장 의지하고 있던 부모로부터 내 편이 아님을 겪게 하심으로 실망과 분노를 갖게 하셨다.

내가 엄마가 되고 나이가 들면서도 부모에게 기대는 마음을 버리지 못하고 있음을 주님은 아시고 일을 진행하셨다. 그때마다 그럴 수 없는 일이라고 흥분했다. 사람에게, 특히 가까운 사람들에게 실망하는 일은 가장 잔인한 듯하지만, 이런 과정을 거쳐 나를 주님께로 이끄셨다.

친정어머님은 당신의 남은 땅을 몽땅 오빠에게만 준다고 상속포기각서를 쓰게 하셨다. 그간의 재산 역시 모두 오빠명의로 상가를 신축하셨다. 엄마의 갑작스런 죽음 앞에 상속이라는 나머지 유산을 놓고 마음이 분주했다.

오빠에게 모든 것을 준다는 유언장을 작성해 놓으셨어도 한마디 말씀이 없으셨다. 가정법원에서 유언장 검인을 하라는 우편물을 받아보고서야 오빠에게 전화를 걸어 확인을 했다. 엄마의 자식이라는 권리를 완전히 끊어내시려는 엄마의 모습을 돌아가신 후에 본다는 것 또한 마음이 어렵다. 주님은 나에게 아직도 이렇게까지 하셔야 하는지, 잠시 생각을 해보지만 이내 머리를 흔들며 털어냈다. 이번이 처음이 아니기에 또다시 시험에 떨어지는 것은 싫다. 시험은 통과될 때까지 계속 봐야 한다. 광야의 시험을 통과해야 가나안에 들어가지 않는가.

속내가 들끓는 광야의 어려움이 진즉부터 조금씩 맛보기가 있었지만 이젠 정면으로 부딪히게 하셨다.

"예, 예, 주님." 하며 마음을 붙잡으려고 애를 썼다. 물론 빠른 시일에 전쟁 같은 마음이 평안을 찾지는 못했다. 시간이 필요했다. 생각이 가라앉지 않으면, 생각이 주님께로 모아지지 않으면, 마음은 언감생심 평안을 찾을 수 없다. 주님과의 밀착된 관계로 나아가면서 아주 서서히 밀려나간다.

시어머님은 남편에게 병원비를 주신다고 말씀하셨다고 남편이 듣고 와서 전했는데 주지 않으셨고, 당신이 사시던 집을 장손인 석재에게 주신다고 가족들 앞에서 여러 번 말씀하셨는데 남편이 떠난 후에 그런 말을 한 적이 없다고 발뺌을 하셨다. 더 이상 따지지 않았다. 이런 문제는 말로 따져서 얻어지는 게 아니지 않는가. 아예 법정으로 가져가서 각종 증거 자료와 증인을 출석시켜야 얻든지, 포기하든지 답을 얻게 되어 있다. 구순이 넘은 노모와, 시누이 이름으로 된 땅을 내가 건져내는 일을 주님이 막으신다.

내가 필요한 것은 늘 재정이었고, 주님은 이 재정의 통로를 육신의 조건에서 얻지 못하도록 차단하셨다.

이스라엘 민족을 광야로 데려와 하나님의 공급하심으로 살아가게 하셨고, 하나님의 인도하심에 항복하고 하나님만을 섬기도록 하셨다. 그러나 사람들은 이 시험을 견뎌내지 못했고, 하나님께 나아가지 않았다. 그들의 입술에서 나오는 말들이 그들을 항상 증명했다.

나 역시 내 입에서 나오는 말들이 오랜 시간 이스라엘 사람들과 다를 바 없었다.

슬프다. 예수가 내 안에 사는데도 난 그들과 다르지 않다니.

나를 키우고, 내 생각과 의식 속에 예수를 채우는 작업인데, 그것을 알아도 내 속이 바뀌는데 이처럼 어려울 수가 없다.

주님에게 감사할 수가 없었고, 사람들을 비난했고, 이해할 수가 없다고 불평했다.

오빠가 욕심이 많다고, 친정엄마가 너무 하신다고, 시어머님도 그럴 수 없다고 말이다.

나의 모습은 아마 예수가 없는 이스라엘 백성이었다면 광야에서 죽었을 것이다.

물론 요단강을 건너 가나안 땅을 밟아보지 못했을 것이다.

휴우!

얼마나 다행인지.

이런 나에게 예수가 찾아오심으로 영원히 살리셨으니 아무리 광야에서 헤매도 아무리 못난 자의 모습으로 있어도 언제든 회복의 자리로 나아갈 수 있으니 얼마나 다행인지 모른다.

내 안에 넘치는 욕심을 위장하면서 살아가는 나에게 주님은 언제나 환대하시니 이런 자비가 없다.

광야.

나를 만들고, 나를 키우고, 나의 존재의 이유를 알게 하시고,

주님이 아니면 살아 있을 수 없음을 확인시킨다.

유전자 검사

요즘 TV나 인터넷 뉴스에 보면 친자 확인을 위해 유전자 검사를 받는 일이 많아졌음이 실감난다.

나 역시 친정어머니께서 돌아가신 후에 유전자 검사를 심각하게 생각을 했다. 발인 후에 엄마의 시신을 화장하고, 유골함을 아버지가 계신 선산에 합장을 하려는데 비가 너무 많이 와서 포크레인 작업이 어렵다는 판단하에 일단 엄마가 사시던 집에 모시기로 했다. 날을 잡아 봉분이 있는 묘를 평토장으로 한다고 한다.

유골함을 엄마 집에다 모시고는, 화장실에 볼 일을 보러 들어가 변기에 앉아 세면대를 보는데 엄마가 사용하시던 칫솔이 컵 위에 있는 것을 보는 순간 유전자 검사를 할까 하는 생각이 들었다.

장례를 마치고, 감사 인사도 드릴 겸 엄마 동생이신 막내 이모님에게 전화를 걸었다.

"이모, 엄마가 나 낳은 거 맞아?"

"이모, 엄마는 왜 그렇게 오빠만 위해."

이모님은 엄마가 유독 오빠만 위하며 살아온 것을 아시기에 "그러게 말이다." 하신다.

오빠와 여동생, 그리고 나 이렇게 셋인데 엄마는 유독 오빠에게 눈에 드러나도록 챙기고, 정성을 다하셨다. 동생과 나는 자라면서 늘 불만이었고, 엄마에게 가끔 투정을 부렸지만 달라지는 것은 없었다.

엄마의 차별로 어릴 적엔, 이불 속에서 소리를 죽이며 울었던 기억이 많았다. 그때마다 엄마에게 말은 하지 못하고, 서운한 맘을 가슴 속에 묻고 지냈다. 그 서운함은 점점 부풀려져서 나중엔 엄마에 대한 미움이 커져 반항하며 엄마와 싸운 적도 있었다.

어릴 적에 어른들이 집에 놀러와 우스갯소리로 "너는 다리 밑에서 주워왔어." 하던 말이 실제로 믿어지기도 했다. "나는 정말 다리 밑에서 주워 왔나 봐. 우리 엄마는 어디 계시지?", 심각하게 생각을 하고, 친엄마를 어디에서 찾을 수 있을까 고민을 하기도 했다.

금아를 낳고는 엄마가 보여주시는 태도에 친정에 갔다가 울면서 집으로 돌아온 적도 있고, 한때는 엄마와 연락을 하지 않은 적도 있었다.

물론 엄마가 길러주시고, 베푸신 성의와 헌신은 남들에 비하면 놀라운 것이지만, 오빠와 여동생 사이에서 보여준 차별은 지금도 상처로 남아 있다.

내 육적의 뿌리인 엄마로부터 시작되는 정체성이 부족하여 나의 삶이 늘 불안하고 위태하지 않았나 싶다.

엄마에 대한 이야기가 TV나 책, 연극, 영화에서 소개되면 눈물을 흘리는 것이 다반사인데 난 우물이 가뭄에 메마른 것처럼 '우리 엄마'에 대한 감격이 적었다.

이것이 나의 문제임을 알고는 엄마가 베푸신 은혜를 기억하고 끄집어내려고 애를 써봤지만 여전히 속은 시렸다.

엄마에 대한 감사가 마음속으로부터 올라오지 않는 게 너무 고민이 되어, 수요예배 후의 기도 시간에 주님께 매달리며 간절히 기도하는데, 주님은 이 책임을 내가 갖지 않아도 된다는 마음을 주셨다. 자식이 무슨 능력이 있어 받아보지 못한 사랑을 거꾸로 퍼올릴 수 있는가.

이런 자유로움을 얻고 얼마 지나지 않아 엄마는 갑작스럽게 돌아가셨다.

억지로 감사를 끌어내서 엄마를 기억하는 것에는 한계가 있다.

나의 힘으로 나의 능력으로 엉켜있는 실타래를 풀 수는 없다.

내가 나온 태를 미워해서는 안 되는 훈계는 진즉에 받았기에 미움에서 벗어나기는 했지만 감사의 마음은 시일이 필요하다.

"요한아, 만약 유전자 검사를 해서 내가 엄마가 아니라면 넌 어떻게 할래?"

웃으며 이야기를 했다.

"그래도 그냥 살 거야."

정말 오랜 기간 동안 받아온 상처를 내 스스로 치료하고 통제하고 어른의 자리로 나아갈 수 없다. 이 땅에 많은 아픔을 치료받지 못하고 살아가는 어른 아이가 얼마나 많은가.

사람에게 치료받으려는 태도가 다시 상처와 비극을 가져온다.

하나님은 나를 유전자 검사 없이 당신의 자녀라 하신다.

가장 안전하고, 가장 확실하고, 가장 믿을만한 증거까지 주셨
다.

엄마가 돌아가신 지 두 달이 지났다.

엄마에게 감사를 올린다.

"낳아주셔서 감사합니다."

"엄마를 통해 태어났기에, 주님을 만날 수 있었습니다."

십일조

"석재야~ 십일조 챙겨서 얼른 와."

교회에 도착해서 석재에게 전화를 건다.

석재의 월급날이 10일이니 그 날짜가 지나면 십일조를 준비해 오라고 재촉을 한다.

다른 소비에 대해서는 터치를 하지 않는다. 다만 십일조는 점검을 한다.

월세로 살고 있어서 월급에서 방세를 빼고 낸다고 한다.

석재가 내는 십일조 봉투를 열어보지는 않는다.

실제 월급의 수령액도 모른다. 수령액에서 얼마를 제하는지도 모른다.

다만 다달이 내야 한다는 것은 가정예배에서 여러 번 언급을 했다.

우리의 삶의 중심이 주님께 있는지 아닌지는 십일조에 달려 있다고 말했다.

누구나 돈이 필요하고, 돈을 좋아하고, 돈을 모으려고 한다.

삶의 모든 소용(저축까지 포함)을 다 제하면 정작 주님께 드릴 것이 남지 않는다.

우리의 생각과 마음이 돈에 꽂혀 있기에 우리의 중심을 주님께 향하기 위해서는 십일조의 훈련이 필요하다. 월급이나 수입이 적으면 십일조에 대한 부담이 크다.

그래서 사람들은 돈을 많이 벌게 해달라고, 그러면 십일조를 많이 내겠노라고 웃으면서도 이야기하고 기도도 한다. 그러나 실제 부자가 되면 액수가 커지기에 더욱 어려워지는 게 십일조다. 가깝게 지내는 다른 교회 권사가 장사를 해서 돈을 많이 벌 때에 십일조를 정확하게 하지 않았다고 했다. 지금은 그때보다는 어려워서 또 다시 십일조 내기가 버겁단다.

오래 전 이야기다. 연말이 되면 남편 회사에서 기부금 공제를 받는다고 헌금 확인서를 교회에서 발급해 가는데 나는 남편이 너무 많이 낸다고 잔소리할까 봐 실제로 낸 십일조보다 적게 금액을 적어달라고 교회에 부탁을 했다.

남편이 서류를 보더니 왜 정확하게 해오지 않았냐고 되레 나무

란다.

"난 당신에게 혼날까 봐 그랬지."

다음부터는 정확히 해 오란다.

금아가 어렸을 때다. 시이모님 생신에 시부모님하고 남편과 함께 참석을 했다.

시이모님이 십일조를 내는 당신의 딸에게 미쳤다고 많은 사람들 앞에서 꾸지람을 하셨다.

그 댁에서는 딸만 교회를 다녔다. 그 말을 받아서 시어머님도 나에게 "너도 십일조 내니?" 냉정하고 단호하신 어머님이 물으셨다. 나 역시 당당하게 "네."라고 대답을 했다. 어머님은 안색이 변하시면서 아주 못마땅한 표정을 지으셨다.

나중에야 어머님이 얼마나 약이 오르고 화가 나셨을까 하는 생각을 했다.

아들이 힘들게 벌어오는 월급에서 십분의 일을 교회에 준다는 게 믿지 않는 자들에겐 너무 아까운 큰돈일 텐데 말이다. 어머님이 다시는 십일조에 대해 언급이 없으신 것이 다행이었다.

내가 지금의 인력사무소를 운영해보니 월급쟁이보다는 큰돈을 버는 게 사실이다.

월말에 가면 지출할 것이 많다 보니 십일조를 내려면 사실 마음이 왔다갔다 한다.

　십일조뿐만 아니라 헌금이라는 게 은혜를 받아서 얼마를 작정했다가도 정작 내려면 마음이 혼란스럽기도하다. 아깝기도 하고 더 급한 일이 생기면 미루게도 되고 감동받은 금액을 이유를 붙여 줄이려 한 적도 많았다. 돈 문제에 있어서 언제나 헌금이 우선이라는 마음을 갈등 없이 갖게 된 것도 얼마 되지 않았다. 지금에서야 빚을 갚는 것이 먼저가 아니라 십일조와 감사헌금이 먼저가 되기까지 주님이 애를 쓰셨다고 본다. 손에 쥐고 있는 돈을 교회에, 다른 누군가에 준다는 것은 우리 사람들에게는 늘상 마음이 어렵다. 이 마음을 헤아리고 계신 주님이, 먼저 주님을 찾게 하기까지 주님은 쉼 없이 일하시고 계셨다.

　지금은 십일조를 월말에 통장에서 찾는 것이 아니라 아예 십일조 지갑이 따로 있다.
　매일 일정 금액을 지갑에 모아놓는다. 그 달의 수입이 컴퓨터에 정확히 계산이 되는 시스템이기에 빼먹을 수도, 줄일 수도 없다.

　신앙의 좋고 나쁘고는 십일조에 있다는 어느 목사님의 말씀처럼 처음에는 "뭐야"라고 저항의 말을 했지만 살아보니 그렇겠구나 싶다. 돈을 많이 번다고 하면서 자랑은 넘치는데 주님께 인색하게 드린다면 그의 중심이 그 정도다.

우리는 상대의 헌금 봉투를 들여다볼 수 없다.

우리의 봉투만 신경쓰면 된다.

남편의 유품

전부터 사무실 한 켠에 쌓아 놓은 서류하고, 문서들을 포함해서 잡동사니를 정리하고 싶었는데, 미루고 있었다. 퇴근 때는 맨날 집에 가는 데에 마음이 컸다. 아니 귀찮아서일지도 모른다. 오늘은 주일날이라 사무실 문을 열지 않고 있었다. 거래처에서 일요일까지 사람을 보내달라고 했다는 연락을 미처 챙기지 못하고 있다가 사람을 보냈냐는 전화가 왔다.

부리나케 이리 저리 전화를 돌려서 인부 두 명을 사무실로 나오라고 했다.

인부를 보내고 월요일 오더를 정리하고는 사무실 구석에 먼지가 겹겹이 쌓여 있는 것들을 정리했다.

인력 사무실이라고 간단한 것이 아니다.

인부들의 신분증을 복사한 것부터 거래처에 보낸 송장, 오더를 정리하는 노트에, 날마다 인부들이 받아가는 노임을 싸인 받아 정리한 영수증 철이 있고, 코로나로 인해 날마다 작성한 체온측정과 인적사항까지, 거기다 고용보험 서비스 센터에서 보내온 책자, 그리고 동부인력을 광고하려고 준비한 스티커까지 살림살이가 꽤나 많다. 남편은 오랜 직장 생활에서 얻은 경험으로 서류들을 중요시 여겼다. 몇 년씩 보관해야 한다면서 먼지가 뽀얗게 싸여있는 묵은 종이들이 잔뜩 있다.

인부들의 인적 사항이 있는 것은 그냥 버려서는 안되고, 반드시 찢어버려야 한다고 남편은 여러 번 말을 했기에, 십 년 넘게 쌓인 종이를 아이들을 불러 대공사를 하기도 했다.

남편은 종이 한 장을 허투루 버리지 않아서 내가 잔소리를 많이 했었다.

집에서든, 사무실에서든 날아온 우편물은 모두 한데 엉켜 있다.

신용카드 청구서도 카드 결제가 지나면 버려야 되는데 모두 쌓아 둔다.

이것저것 한데 모여 한 가지를 찾으려면 온갖 것을 다 뒤져야 했다.

난 자세히 보지도 않고 가볍게 버려서 당황한 적도 있었다. 남편이 중요한 거라며 우편물을 찾는데 난 날짜가 지나서 버렸노라고 답을 하면 핀잔을 들은 기억이 있다.

남편은 사무실에 커피 박스 하나도 버리지 않고 모아 뒀었다.

남편이 발병이 되고 나에게 사무실 일을 가르치려 했을 때, 난 너무 정신이 없다는 이유로 아이들까지 불러 종이를 찢고, 박스를 버리고 쓸데없는 잡동사니를 버렸었다.

집에서도 남편이 가고 난 뒤에 서류를 버리느라 금아와 한참을 매달렸었다.

금아와 함께 남편의 유품 등을 정리하면서, 남편이 가기 전 마지막 추석에 아이들에게 "한가위만 같아라" 하며 용돈을 담아 주었던 봉투는 보관하기로 했다.

추석을 맞이해 아이들에게 아빠가 주는 용돈이라고, 아픈 남편에게 직접 쓰라고 재촉을 했다. 봉투마다 아이들의 이름을 하나하나 쓰면서 남편의 마음은 어땠을까.

"한가위만 같아라"는 한 줄의 문장에서 남편은 무슨 말을 담고 싶었을까. 자신에게 주어진 시간이 얼마 남지 않음을 알면서 힘이 없는 손가락에 펜을 들고 정성스럽게 적은 글귀다.

추석에 아이들에게 봉투를 건네며, 환하게 웃는 사진을 남겼다.

그리고 추석날 시댁식구들이 집으로 남편을 찾아와 얼굴을 보고 며칠 후 남편은 본향으로 갔다.

남편의 마지막 글씨였다.

사무실에서도 남편의 글씨가 쓰여 있는 종이를 보면 때론 그리움이 밀려들기도 한다.

자유로운 나와 너무 맞지 않았던 남편의 반듯한 글씨가 곳곳에 남아있다.

그동안 미루고 미뤘던 것은 아마 정리하고 싶지 않은 나의 속내도 있으리라.

여전히 함께 하고 싶은, 곁에서 지켜보고 있을 남편을 의식하면서 말이다.

남편의 글씨가 쓰여 있는 종이가 점점 줄어간다.

언젠가는 버려야지.

언제까지 넘쳐나는 서류를 지켜보고 있을 수는 없으리라.

아름다운 날, 남편을 추억하며.

그릇

구역예배를 드리면서 집사님 한 분이 십일조에 대해 물어왔다.

이달에는 월급 외에 연차수당, 연말 정산한 금액까지 합하니 수령액이 커져서 어찌하냐고 물어온 것이다. 지난날에 빚으로 어려움을 겪었기에 다시는 그 굴레를 겪기 싫다고 말을 했다. 집사님은 수령액의 십일조는 내야 하지 않느냐고 답을 하면서 복을 받는 그릇을 비유하며 이야기를 이어나갔다.

나의 지난날의 신앙을 보자면 내가 하나님께 드린 열과 성의에 따라 복이 내려오기를 간절히 원했었다. 물론 복의 기준은 재정이다. 차츰 시간이 지나면서 내가 드린 헌금과 열심에 반응하지 않으시는 하나님을 오해하면서 하나님에 대한 신뢰가 점점 꺾여 갔었다.

남편의 실직과 인력사무소를 개업 하는 공백 기간엔 저축은행에서 대출받은 돈으로 생활을 해나갔고, 인력사무소를 운영할 때는 평생 겪어보지 못한 재정의 압박을 받아야 했다. 인력사무소는 날마다 일을 다녀온 인부들에게 당일 지급을 해야 하고, 거래처에서는 매월 말일에 마감을 하면 다음달 15일, 25일, 30일이 지나야 돌려받는 시스템이어서 현금의 유동성이 커야 하는데 남편은 재정이 없는 상태에서 시작을 했다.

카드로 현금 서비스를 받고, 카드 돌려막기부터 카드론에 돈을 끌어 모을 수 있는 것은 모두 다 빌려와야 했다. 아이들의 대학교 등록금은 당연히 학자금 대출을 받아야 했고, 생활비 대출까지 받아서 카드를 막아야 했다.

그 시절엔 십일조를 카드로 현금 서비스를 받아서까지 냈었다. 물론 남편이 생활비를 주면 카드 막는 것도 부족했기에 십일조를 내지 않는다는 것은 상상을 못했다. 현금 서비스 이자가 그토록 다달이 높아지는 것을 볼 때면 진짜 무서웠지만 다른 방도가 없기에 한 달 살아내는 게 관건이었다.

그로부터 남편이 떠나고, 사무실 운영을 하면서 하나님께서 부어주시는 재정에 대해 이해할 수가 없을 정도로 수입이 많아졌다. 추운 겨울엔 현장에서 일을 할 수 없어 인부들도 인력사무소도 보릿고개라 할 수 있는데 예년에 비해 놀랍도록 부어주셨다. 예전에는 상상할 수 없을 금액을 십일조로 내고 있다.

　복을 받으려고 주님께 아첨하듯 했던 시간들, 철저히 외면받았던 시간들 속에서 주님은 나의 그릇을 키워가셨다.
　복을 달라고 하면서 종지기를 주님 앞에 내려놓으면 복을 담을 수가 없다.
　그래 놓고는 왜 나에겐 복을 주시지 않는가에 회의를 갖는다.
　주님은 먼저 요구하신다.
　죽을 것 같은 이해가 되지 않는 상황에서 먼저 우리의 믿음으로 내놓기를 원하신다.
　갖가지 이유를 대면서 순종하지 않으면 그릇을 키울 수 없다. 먼저 그릇을 준비해야 한다.

근심

12월이 진즉에 시작됐어도 겨울의 매서운 맛을 아직 내지 않고 있다.

이번 주엔 눈도 많이 내리고 영하 10도를 넘을 거라고 예보를 한다.

뉴스에서는 '최강한파'라는 자막에 앵커의 목소리가 높다. 사무실 화장실의 수도관이 얼지 않도록 단단히 점검을 해야 한다. 오래된 건물이고 얇은 벽에 환풍기도 있어 외부나 다름없을 정도다. 남편이 만들어 놓고 간 박스로 가급적이면 바람이 들어오지 않도록 환풍구를 꼼꼼히 막아야 한다. 전기 팬히터를 화장실에 켜놓고 가야하고 그래도 의심쩍어 수도꼭지를 조금 열고 간다.

겨울의 한파가 공포로 다가오지만 그 겨울을 육십 회나 넘게 맞이했다.

춥다, 춥다 노래를 부르다 보면 시간이 계절을 가져 온다.

한파도, 동장군도 물러가지 않았는가. 또 지나가리라.

다가오지 않은 겨울을 미리 공포로 갖고 근심했던 것처럼 동생네를 나의 짐으로 여기며 가뜩이나 넘치는 일과 더불어 걱정거리 리스트에 올려놨었다. 동생네의 가정의 회복을 주님께 기도했음에도 동생의 미래를 걱정했었다. 제부가 직장을 그만두고 집으로 돌아오면 동생은 같이 한집에서 살 수 없다고 단호하게 말을 했었다. 난 아이들이 떠나 나 혼자 남게 되면 동생과 함께 살아야지 하며 동생이 내 차지이려니 생각했다. 동생의 앞날에 주님은 없는 것처럼 말이다. 내가 주님께 기도하고 부탁한 것은 립서비스 차원일 뿐이다. 주님을 믿는 자든, 믿지 않는 자든 그들을 위해 아버지인 하나님께 예수의 이름으로 담대히 기도한 것의 능력은 없다. 기도가 끝나면 근심의 보따리를 다시 끌어안는 형국이다.

동생은 제부와 조금씩 회복의 기미를 보이고 있다. 살던 임대 아파트를 분양받아 집이 자가가 되었고, 가족이 함께 캠핑을 다니며 대화를 시작했단다. 주님의 일하심이다. 제부가 직장을 그만 두고 돌아오면 더 자유롭게 캠핑을 다니리라.

혼잣말로 중얼거린다. 왜 내가 근심하는가. 주님께 기도하고, 주님이 인도하실 텐데 그들의 삶을 왜 나의 짐으로 여기며 근심하는

가. 아무리 최강한파도 시간 속에서 견뎌내지 못하는데 하나님께서 인도하시는 그들의 삶에 왜 내가 주인 행세를 하려 하는가. 여전히 내 삶이나 타인의 삶 가운데 주인이 되고 싶은 죄의 욕심이 아닌가 싶다.

냉정하게 보일 수 있다. 물론 돕고자 하는 마음을 주시면 순종하겠지만 어떠한 근심도 내 영혼에 도움이 되지 않는다. 내 안에 그들을 향한 긍휼의 마음이 일어나지만 그들의 삶 속에서 내가 얻을 영광은 없다. 오직 주님의 영광 속에서 나는 구원의 통로일 뿐이다.

가을의 끝자락에 겨울이 자꾸 매달린다. 매달린 겨울을 밀쳐 낼 수는 없다. 하나님의 창조의 질서이기 때문이다. 사람 역시 하나님의 일하심과 인도하심에서 하나님을 밀어내고 내 얼굴을 들이밀 수 없다. 구원의 섭리와 원리에 위배되기 때문이다. 오직 하나님의 손끝에서 창조와 회복의 기름이 흘러나와 온 세계를 적시고 있다. 그 기름이 주위의 가족과 지인들에게 흘러 넘치길 기도할 뿐이다. 주님의 자원하셔서 하시는 일에 내 이름을 얹고, 내 영광을 조금이라도 드러내려는 근심은 아주 고약하고 위장된 가면이다.

주님.

당신의 자리에 당신을 밀어내고 내가 앉지 못하도록 은혜를 주옵소서.

나의 영광은 오직 예수입니다.

두려움

친정엄마가 갑작스럽게 돌아가신 후에 유산으로 인해 마음이 시끄럽더니 한 주간 주님께 집중할 수가 없었다.

얼마나 빠르게 육신의 생각에 붙들리는지 한번 수렁으로 들어간 생각을 추스르고 끄집어내기가 쉽지 않음을 경험하면서 내 자신을 신뢰하지 말아야 함을 다시 경험했다.

두려웠다. 욕심에 바탕을 둔 채 명분을 찾고 엄마에 대해 불공평하게 대우를 받은 부분들을 부상시키며 감사를 잊고 억울함을 오빠에게 토로했다.

얼마나 치졸한지 모른다. 얼마나 무정한지 모른다.

아버지의 부재 속에서 죽기 살기로 우리들을 양육한 엄마에게 돌을 열심히 던지는 나의 모습을 한 주간이 지나서야 주님의 은혜로 보게 됐다.

오로지 상속을 얼마나 받을까 하는 마음뿐이었다.

주님의 은혜가 나의 욕심에 파묻히는 것은 순간이다.

영적인 게으름 정도가 아니라 육신의 생각이 사망까지는 아니어도 얼음처럼 심령이 차가워지니 말이다.

얼마나 오랫동안 되풀이 되었던 세상과의 씨름이 정리됐다고 여겼는데 다시 시작되는 것을 경험하니 앞으로 다른 양상의 일이 벌어지면 나의 태도가 어떻게 변할까 두려운 마음이 생겼다.

"오호 주님.

나를 불쌍히 여기소서. 이렇게 쉽게 은혜를 놓치는 자입니다.

내 안에 가졌던 '적어도 나라면…'이라는 자긍심과 안심이 여전히 넘칩니다.

주님 아니면 안 된다는 절박함이 적습니다.

다른 이들과 다를 바 없음을 꼭 잊지 않게 하소서.

주님께 다시 엎드려 비옵나니, 은혜를 잊고 육신의 생각으로 돌아가는 순간에 주님의 막대기로 치소서. 지금껏 살면서 맞아야 정신이 든 게 한두 번이 아니니까요.

두렵습니다.

주님을 만나는 그날까지 겸손하게 두렵고 떨림으로 나의 구원을 이룰 수 있기를 기원합니다."

두려움 - 두 번째 이야기

요한이가 여자 친구를 만나러 가는데 두렵다며 전화가 왔다.

고속도로를 운전해서 부천까지 갔다가 와야 하는데 좋지 않은 느낌이라고 한다.

엄마의 응원을 요청한다.

> "하나님이 우리에게 주신 것은 두려워하는 마음이
> 아니요, 오직 능력과 사랑과 근신(절제)하는 마음이니"
>
> (디모데후서 1:8)

이 말씀을 큰 소리로 시작을 하니 요한이가 같이 따라 한다. 사단은 우리에게 언제나 두려움을 준다고, "주님 감사합니다"를 크게 하든지 말씀을 선포하라고 말을 해주니 잘 다녀오겠다고 인사를 하고 전화를 끊었다.

먼 길을 나설 때에 다시 집으로 잘 돌아 오기를 기도하지 않는가.

내가 운전을 할 때도 가까운 거리든 먼 거리든 아이들이 잘 다녀오시라고 인사를 하면서 마지막엔 언제나 "안전 운전"을 외친다. 아이들이 장성해서 출퇴근이든, 캠핑이든, 데이트든 운전을 하게 되면 유난히 불안할 때가 있다. 그러면 주님께 부탁을 하면서도 때론 죄불안석일 때가 있다. 마음의 평안을 잃어버리고, 불길한 상상을 시작하면 얼마나 빨리 증폭이 되는지 내 머릿속이 궁금할 지경이다.

그러다 무사귀환을 하면 "아이고 잘 왔어." 안아주면서 "아버지, 감사합니다"로 마무리한다.

지난날에 가졌던 불안한 마음이 그대로 현실로 이루어졌다면 이 지구상에 살아 있는 자들이 있을까. 그런데 실제로 불길한 생각이 현실이 되는 경우도 많지 않은가.

사건 사고의 소식을 날마다 접하면서 내 일이 아니어서 다행이라고 여기며 감사하지만

답을 피해 찍었던 시험처럼 언제나 피해갈 수 없으리라.

가족과 느닷없는 이별을 갖게 된다면 난 하나님을 원망하지

않고 의연할 수 있을까.

남편의 암 소식에 내가 평안을 찾기까지 얼마나 힘들었는지 나는 안다.

"왜 나냐고…. 왜 우리 가정이어야 하냐고…." 주님께 묻고, 다시 물었다.

그때보다 지금 영적으로 성숙해졌다고 갑작스런 어려움이 닥치면 경험이 많은 선수처럼 하나님을 찬송하며 영광을 돌릴지 의문이다.

전쟁으로, 지진으로, 화재로, 사고로, 준비되지 않은 이별이 넘친다.

기도한다고 늘 안전한 것도 아니고, 기도하지 않아서 이별을 갖는 것도 아니다.

하나님의 일하심을 모르기에, 하나님의 축복을 모르기에.

일단 기도하고, 일단 감사하기로 한다.

능력(만용)

"할 수 있다 하신 이는 나의 능력 주 하나님 의심말라 하시고 물결 위를 걸으라 하시네.

믿음만이 믿음만이 능력이라 하시네~"

기도의 열기가 더해지면 세상을 이길 수 있는 능력이 넘쳐났다.

승리는 무조건 내 것이라는 확신과 신념이 속에서 밀고 올라왔다.

그러나 현실은 그대로여서 집에 오면 남편과 아이들 틈에서 언제나 무너지는 결과를 본다.

방언을 받고 아무 뜻도 모르면서 무릎을 꿇고 방에서 벽을 보고 기도하다보면 땀이 머리 끝을 타고 뚝뚝 떨어진다. 하나님을 움직이고, 세상을 진동시킨 기도라는 자족감에 마음을 채워보지만 늘 현실의 벽 앞에서 마음은 요동을 쳤다.

참으로 요란하고 시끄럽고 어수선한 신앙이었다.

내가 세상을 이겼노라 하신 예수님의 말씀을 믿고 잠잠히 주님 안으로 들어가는 방법을 알 수가 없었으니 울리는 꽹과리처럼 기도가 소음이었다.

물론 지금도 주님이 인도하시면 큰 소리로 기도하지만 승리를 얻기 위해 목소리를 크게 낼 필요는 없어졌다.

기도의 목적과 방향이 결국 나를 높이고 나를 드러내고 나의 자랑을 만드는 것은 되지 않아야 한다.

오직 예수 안에서 주님이 베푼 승리의 자리에서 주님의 명성을 더 알아가는 기도의 시간으로 채우려고 한다.

애굽 전역에 퍼졌던 하나님의 명성,

기생 라합이 들었던 하나님의 기적과 엄위하심,

하나님의 이름을 위하여 당신의 자녀들을 키워 가시고 당신의 백성들을 구원의 통로와 도구로 쓰시는 놀라움을 기억하고 싶다.

기도

주님.

사무실을 통해 얻는 재정의 풍성함이 나의 신앙을 증거하는 것으로 사용되지 않도록 도우소서.

구역 예배에서 가르치는 지혜의 말씀으로 나의 뛰어남을 증거하며 자랑하지 않도록 도우소서.

목사님의 경륜과 지혜를 넘보거나 우습게 여기지 않도록 도우소서.

내 속에서 솟아나는 교만과 자랑과 우월감을 주님이 보고 계십니다.

하나님을 진정 두려워하는 자 되게 하소서.

나의 존재의 근원을 망각하지 않도록 일깨워주소서.

내가 어느 자리에 있었는지, 하나님께서 나를 어떻게 꺼내셨는지, 기억을 잃어버리지 않도록 도우소서.

얼마나 방황하고, 얼마나 불평하고, 얼마나 원망했는지, 지금 넘치는 은혜로 덮어버리지 않도록 도우소서.

애굽에서 건져낸 이스라엘 민족의 원망이 내게도 넘쳤다는 것을 새로운 피조물이라는 말씀으로 지우지 않도록 도우소서.

나의 죄의 생명을 주님의 은혜로 지우신 것을 기억하도록 도우소서.

십자가의 죽음으로 나의 죄가 지워진 것이지, 나의 회개로 지워진 것이 아님을 배우게 하소서.

내가 남보다 더 많이 회개해서 하나님의 은혜가 더 넘치는 것이 아님을 알게 하소서.

날마다 반역과 의심의 마음이 끊이지 않음에도 오직 은혜로 다가오시는 주님을 찬송하게 하소서.

주님.

책을 내고, 십일조를 남보다 더 많이 내고, 지식의 말씀으로 구역예배를 인도하면서 제발 부디 제발 나를 높이고, 스스로 자랑하지 않도록 도우소서.

모든 것의 주인이 내가 아님을 기억하도록 도우소서.

오늘 모든 것이 어제와 동일하게 이루어지는 것은 오직 주님의 일하심이고 도우심임을 기억하게 하소서.

주님.

나를 높이려 하면 은혜의 막대기로 나를 치소서.

큰 교회 목사님들도, 주님의 이름으로 성공했다고 간증하는 자들도 변하고, 변질되는 것을 듣습니다.

나라고 그들과 다를 바가 없습니다.

명예의 욕심, 부의 욕심, 권력의 욕심 등등 내게도 있습니다. 한 순간도 욕심이 없었던 적이 없습니다. 자리가 만들어지면 그 자리에서 또다시 욕심을 만듭니다.

나의 근원에 욕심이 언제나 있음을 잊지 않도록 도우소서.

채찍으로든지, 징계로든지 주님 나를 치소서

하나님의 은혜에서 떨어지지 않기를 성탄절을 맞이하면서 간절히 기도합니다.

다윗의 고백이 실패와 절망과 탄식 속에서 나왔음을 기억하고, 하나님 마음에 합한 다윗처럼 되게 해달라고 부르짖으며 기도했던 시간들이 열매 맺히길 기도합니다.

둘 /

생명

글을 쓰다 보면 내가 생각지 못했던 표현들이 나온다.

어디서 배운 것도 아니고, 어디서 읽어본 적도 없다.

내 안 어디에서 이런 글귀를 만들어 내는지 읽고 또 읽어보면서 놀라곤 한다.

분명 내 실력이 아니다. 내 능력이 아니다.

예전 같으면 이럴 적에 내 자랑이 가득했다.

난 남들보다 똑똑한 거야, 난 남들에게 없는 대단한 게 분명 있는 거야. 내 자신을 높이고 싶었다. 다른 사람들에게 나의 똑똑함을 어필하고 싶었다.

> "내가 그리스도와 함께 십자가에 못박혔나니, 그런
> 즉 이제 내가 산 것이 아니요, 오직 내 안에 그리스도
> 께서 사신 것이라. 이제 내가 육체 가운데 사는 것은
> 나를 사랑하사 나를 위하여 자기 몸을 버리신 하나

님의 아들을 믿는 믿음 안에서 사는 것이라"

(갈라디아서2:20)

나를 위해, 내가 살아갈 수 있도록, 나 대신 내 삶을 이끄시려고, 나의 죽은 생명을 정리하시고, 거칠고 시끄럽고 복잡한 내 안으로 들어오신 주님이라는 진리가 조금씩 보이기 시작했다. 서서히 가랑비에 옷이 젖듯 오랜 시간 말씀을 듣고 묵상하는 가운데 나의 의식 속에 새겨지면서 주님이 가셨던 길 위에 내가 서 있음을 본다.

이젠 그 길을 내가 만들기 위해 애쓰지 않아도 된다는 안도감과 나의 멍에는 쉽다는 예수님의 말씀대로 쉬워진 인생이 됐음을 고백한다.

예수님의 강력한 창조의 생명이 내 안에서 움직이시고, 일을 하시고, 말씀하시고, 방향을 알려주신다. 죄에 묶였던 나의 영혼이 날마다 풀어짐을 경험하면서 예수님의 생명이 풍성해지고 있음을 본다. 내게 전에 없었던 선함이 올라오고, 내게 붙여준 사람들에 대한 감사가 시작되고, 〈미스터 선샤인〉이라는 드라마를 시청하면서 이 나라를 지켜 주심에 감격을 한다.

변명과 불평의 입술은 회를 거듭할수록 차차 줄어들고, 나쁜 상황이 발생하면 상대와 하나님에 대한 원망으로 해석했던 태도가 신기할 정도로 달라져 감을 본다. 이처럼 굳은 마음이 풀어지기 시작했다. 얼음보다 차가웠던 마음이 조금씩, 아주 조금씩 녹기 시작했다. 남들보다 자랑할 게 더 많았으면 싶었던 욕심이 기세가 꺾이기 시작했다.

모든 게 처음 시작은 어렵지만 한번 시작된 주님의 생명의 소용돌이는 쓰나미가 되어 강력해짐을 보면서 놀란다.

"도적이 오는 것은 도적질하고 죽이고 멸망시키려는 것뿐이요 내가 온 것은 양으로 생명을 얻게 하고 더 풍성히 얻게 하려는 것이라"

(요한복음10:10)

주님은 내 삶을 묶고 간섭하시는 것이 아니라, 내 삶을 자유롭게 하기 위하여 나의 묶인 것들을 보게 하시고, 묶인 것들이 익숙해져 쉽고 빠르게 보였지만 삶을 황폐하게 했음을 가르치신다.
생명은 혹한의 겨울에 죽은 것 같은 나무에서, 꽃대가 올라와 꽃을 피우는 능력이 있다.
생명은 아기가 태어나 뼈와 살이 붙으며 자라게 하고 주님을 만나도록 이끈다.

아기가 부모를 알아보듯 생명이 같은 주님을 알아보면서 기쁨을 맛본다.

예수가 내 안에 생명으로 들어오심은, 나의 삶을 주님이 이끌어 구원의 축복이 진정 무엇인지 맛보게 하신다. "이래도 되는 건가?" 예전에 느끼지 못했던 평안함이 삶을 덮고 있음에 주체할 수 없는 감사가 쏟아진다.

물론 현실의 문제와 갈등과 어려움은 방문객이 되어 나를 찾아온다.

방문객을 내 힘으로는 막을 수 없다. 이젠 방문객에 대한 두려움을 담대함으로 맞이한다.

천지를 창조하신 하나님께서 당신의 생명의 기운으로 얼마나 아름다운 것들을 만드셨는지 모른다. 그 하나님께서 한 번의 창조로 모든 것에서 손을 놓으신 게 아니라, 지금도 쉼없이 일하시고 만들어 내시고, 키우시고, 완성시키신다.

난 그 분을 믿는다. 내 안에도 계시기에 말이다.

길이요, 진리요, 생명이니

"예수께서 가라사대 내가 곧 길이요 진리요 생명이니
나로 말미암지 않고는 아버지께로 올 자가 없느니라"

(요한복음14:6)

예수를 믿는다는 일이 그저 교회를 다니고 교회의 조직에 속
해 나의 정체성을 갖는 것으로는 너무 부족함을 진즉부터 알고
회의감을 갖고 있었다.

진리에 대한 목마름으로 성경에 매달리고 기도에 매달려 봤지
만, 주님 자체에 대한 집중이 아니고, 지식만 쌓을 뿐 갈증은 여
전했다.

하나님과 교통하는 방법으로 하나님의 음성을 듣기 위해 집중하
지만 나의 육신의 소리와 하나님의 뜻이 섞이면서 혼란스러웠다.

무언가를 깨닫고 대단한 음성을 들었거나 환시가 보여지면 흥
분이 넘칠 때도 있었지만, 흥분이 가라앉고 나면 허탈한 마음이
어서 안정감을 찾을 수가 없었다.

주님께서 "나는 마음이 온유하고 겸손하니"라고 하시는데 도무지 나의 내면이 어떤 상태인지 모르니 우왕좌왕, 안절부절, 불안했다. 무엇으로 채워야 하는지.

나의 노력으로 삶을 변화시키고, 나의 각오로 나의 태도나 성품을 바꾸려 했던 무모함이 진리인 양 붙들었었다.

염려와 근심이 가득해 가시떨기 밭이라 여긴 마음을 내가 어찌하든지 갈아엎어 좋은 땅으로 개간하려 했던 노력이 나를 지치게는 했지만 다시 마음을 다잡고 일어나 열매를 맺지 못하게 하는 쓰레기들을 치우는 신앙이었다.

회개와 금욕으로 십수 년을 개간한 밭에는 좀처럼 열매가 열리지 않았다.

목사님들의 설교에서 믿음의 선진들을 소개하고 성공한 신앙인을 소개하면서 도전을 받아 그들을 따라 흉내를 내보지만, 얼마 못가 나의 의지 없음을 자책하면서 나자빠지는 모양새였다.

주님이 이 땅에 오신 이후, 구원을 주신 이유와 목적을 바로 알지 못하고, 바로 가르침을 받지 못했다.

교회에서 말씀으로 교인들을 선동하고, 열심을 부추기는 잘못된 진리가 교인을 지치게 하고, 삶을 얼마나 무겁게 짓누르는지 정말 고발하고 싶은 마음이다. 주님의 마음을 바로 알지 못해

죄책에 시달리고, 부끄러워 언제나 회개에 목을 메는 신앙고백이었으니 죄에서 건져낸 주님이 땅을 치고 통곡할 노릇이다.

전능자가 계획하고 이루신 창조와 그 창조 위에 인간과 하나되어 살아가려 했던 아버지의 극진한 사랑을 이토록 왜곡되게 가르쳤으니 복음으로 다시 가르치려 해도 딱딱하게 굳어져 있는 생각과 마음의 전환이 어렵다. 그 굳어진 생각과 마음에 강력한 성령이 오셨는데, 과거에 배운 대로 자신의 열심으로 신앙의 시간을 채워간다.

구원이라는 예수의 길에 이끌려 들어와서는 그 길을 진리로 붙들고, 진리가 이정표가 되고, 진리가 불빛이 되어 발걸음을 내디뎌야 한다. 그래서 진리를 바로 배워야 하고, 정확하게 알아야 한다.

흑암의 권세 아래 있던 자에게 빛을 비추셨다. 주님이 주신 생명이 우리 안에서 어떤 작용을 하는 것인가에 의문이 들어야 하고, 왜 주님이 우리 안에 들어오셨는지 왜 약속하셨는지 답을 갖고 있어야 한다.

답도 없이 그저 프로그램을 따르고, 조직에 속해 끌려 다니는 신앙에서 왜 우리는 구원이 필요한지 왜 예수여야 하는지 영적인 생각의 힘을 길러야 하지 않을까.

길이요, 진리요, 생명이라는 말씀이 우리 삶의 답인 것을.

천국 열쇠

"내가 천국 열쇠를 네게 주리니 네가 땅에서 무엇이든지 매면 하늘에서도 매일 것이요, 네가 땅에서 무엇이든지 풀면 하늘에서도 풀리리라 하시고"

(마태복음16:19)

　시몬 베드로가 예수님 앞에서 "주는 그리스도시오 살아계신 하나님의 아들이시니이다"라는 고백 이후에 예수님께서 베드로에게 천국 열쇠를 주셨다.

　이 말씀으로 얼마나 흥분했는지 모른다. 목사님, 부흥 강사분들의 말씀이 열쇠 하나면 만사 오케이라는데 이런 마스터키를 손에 쥐었으니 게임은 끝난 듯했다.

　"그래 이거 하나면 다 된다.", "주는 그리스도시오 살아계신 하나님의 아들이십니다." 기도할 때마다 선포하고 목청껏 질러댔다.

기도 하나면 천국을 침노할 수 있으니 참으로 기도에 열심을 냈다.

하늘을 열자. 하늘 문을 열어 내가 원하는 것들이 쏟아지게 하자.

복을 받아야 한다. 이렇게 계속 찌질하게 사는 것은 하나님의 영광을 가리는 일이다.

관악산에 올라 나무 하나를 뽑았다는 성공(?)한 목사님들의 간증을 듣고 읽으며 최소한 흉내라도 내보자. 굳은 결심으로 새벽기도부터 시작해서 시간을 정해 집에서 기도하고, 딱히 일이 없을 때는 교회가서 기도를 했다.

하나님의 음성도 듣고, 환상도 보면서 모든 것이 열린다 싶었다.

이젠 때가 됐으려니 싶었다.

그렇게 시간이 지나면서 지쳐갔고, 복음을 모르면서 기도 하나면 다 되리라 여겼던 때를 지나, 오늘 아침에 말씀을 묵상하다가 천국 열쇠의 기능에 새롭게 눈 뜨게 됐다.

천국 열쇠는 하늘을 먼저 여는 것이 아니라, 이 땅에서 먼저 사용하는 것이었다.

땅에서 열면 하늘이 열리고, 땅에서 닫으면 하늘도 닫히는 원리인 것이다.

기도 하나면 다 되는 것이 아니라, 기도를 먼저 해야 하는 것은 맞지만, 기도 후에 삶을 살아야 한다. 그동안의 삶은 신앙과 삶이 매치가 안되어도 상관이 없었다. 열심만 내면 교회에서도 알아주고 인정해주니 말이다. 사람과의 관계도 그리 중요하지 않았다.

특히 믿지 않는 자들과의 관계는 하나님께 저주 받은 자이기에 외면해도 상관없고, 가까이 하지 않아도 마음이 불편하지 않았다.

그러니 믿지 않는 남편을 그렇게 오래 미워할 수 있었다.

풀어지지 않는 삶의 원리를 모른 채 천국 열쇠의 능력을 경험하지 못했다.

사람과 잘 풀어야 한다. 아버지와 엄마의 오랜 미움과 갈등을 보고 자라면서 부모님이 푸는 것을 옆에서 본 적이 없다. 어릴 적 친정집과 가깝게 살던 외숙모가 엄마와 관계가 나빠지면서 외숙모네 집에 놀러 갈 수 없게 됐을 때의 안타까움은 참으로 컸었다.

"엄마, 왜 외숙모네 가지 말라는 거야?" 물어보았지만 답을 듣지 못했다.

사람과의 관계는 실로 어렵다. 잘못했을 때 미안하다고 사과하는 것도 자존심 때문에 관계를 끊으면 끊었지 죽어도 하기 싫었다. 고집이 세다는 말이다.

내가 별로 잘못한 일이 없다고 생각되거나 상대가 나보다 더 잘못하면 상대를 말로 죽여야 직성이 풀리곤 했다.

신앙생활로 친절과 관용을 흉내냈지만 깊은 속내는 여전히 갈아엎지 못했다.

천국 열쇠는 사람과의 마음을 열고 닫는 것이라 하고 싶다.

내가 열고 닫는 주체가 아니라 오직 예수가 열쇠 자체인 것이다.

주님께 민감하고 예민할수록 열쇠는 만능이 되리라.

주님이 다 하실 테니 말이다. 주님이 마음을 주시면 바로 사과하고 바로 엎드려야 하는 게 답이다.

답을 알아도 답대로 살아갈 수 없기에 다시 자세를 낮추고 주님의 이름을 부른다.

주님.

나 아무것 없어도

나 아무것 없어도 주님이 있고, 나 아무것 할 수 없으
나 주 하시네.
나 무력해도 주는 강하시며, 나 모든 것 모르나 주 다
아시네.
나 어두울 때 주 빛 되시고, 나 어디 가야 좋을지 모
를 때 주 나의 길 되시네.
나 슬픔에 잠기어 낙심될 때, 선하신 주의 팔 날 붙드
셨네.

나 외로워 지칠 때 주님이 있고, 나 외로워 눈물 흘릴
때 주 아셨네.
나 세상에 약할 때 주는 강하시며, 내 가는 길 알지
못하나 주는 다 아시네.
나 방황할 때 주 길 되시고, 나 어찌해야 좋을지 모를
때 주 나와 동행하시네.

내 영혼에 찾아와 위로하신 좋으신 하나님 찬양합니다.

위의 찬양 중에 "내 영혼에 찾아와 위로하신 좋으신 하나님 찬양합니다" 이 가사가 나는 가장 마음에 든다.

송명희 시인의 가사이기에 진심을 나누는 느낌이다.

성공한 사람의 이야기가 사람의 마음을 울리는 것이 아니라 실패해 본 사람, 절망해 본 사람의 이야기가 감동을 준다.

선천적으로 뇌성마비를 갖고 태어난 시인의 불편함, 절망감, 결핍과 상실감을 어찌 알 수 있을까. 그 상황 속에서 공평하신 하나님을 노래하고 나 아무것 없어도 오직 주님 한 분만으로 만족한 삶을 노래하고 있음이 오늘 아침 다시 주님께 죄송하고, 감사를 드린다.

내가 너무 많이 가진 것이 문제다.

너무 많이 배운 것이 문제다.

건강함이 문제다.

재주가 많고, 능력이 많음이 문제다.

가족이 많음도 문제다. 외모까지 아름다우면 더욱 문제다.

자기 집이 있고, 대학까지 나오고, 컴퓨터가 있다면 전 세계에서 상위 1%라고 한다.

기근으로, 전쟁으로, 가난으로 생명을 부지하기 어려운 사람들이 세계에 그만큼 많단다.

너무 많이 갖고 있음을 자각하지 못한다. 너무 부족하다. 수입도, 집의 크기도, 자동차의 크기도, 통장의 잔고도, 재산도 모두 적다. 주위의 사람들과 비교하느라 짜증이 난다.

주님으로 채우지 못하면 늘 부족한 것 투성이다.

주님이 길이 되지 않으면 엄한 데를 다 쑤시고 다닌다.

주님의 약속을 믿지 않으면 불안해서 죽을 지경이다.

주님의 위로를 경험하지 않으면 내 주위의 사람들을 괴롭힌다.

주님의 강함을 밀어내면 나의 강함으로 엉망이다.

나의 지혜가 대단한 것인 양 자랑이 넘치면 미끄러지고 부끄러움을 당한다.

모두 내 얘기다.

감사치 않고 주어진 것이 넘치는 데도 적다고 아우성을 치며 살아온 시간들이다.

내가 주도적으로 삶을 몰아간 탓이다.

아이들에게 유산을 많이 남겨줘서 아이들이 만수무강하고, 편안하리란 믿음이 아이들을 망치고 있는 것인지 모르는 태도였다.

무엇이 중요한지, 무엇으로 삶을 채워야 하는지, 무엇이 나를 있게 하는지 왜 그리 눈이 멀고 귀가 어두웠는지.

안개가 자욱한 아침에 찬양의 울림으로 감사를 다시 붙잡는다.

너무 많은 것을 허락하셨습니다.

너무 많은 은혜를 부으셨습니다.

너무 많은 것을 갖게 하셨습니다.

모든 것은 내 것이 아니기에 주님의 마음을 구합니다.

주님 감사합니다.

성품

가정예배를 드리면서 삶의 올바른 선택을 위해 공부를 하는 것이라는 말씀을 나눴다. 진리를 바탕으로 삶의 시간들을 채워가는 연습과 훈련은 성품이 변하지 않고는 가능하지 않음을 나눴다. 삶의 내용을 채우는 것은 성품이다. 작은 것에 감사하는 자와 그렇지 않은 자는 삶의 방향이 다르다. 진리로 자신의 방향이 설정되어 있지 않으면 네비게이션에 입력한 자료가 정확하지 않아 엉뚱한 곳으로 안내되는 것과 같다.

예수님께서 오셔서 천국을 소개하는 많은 예화 역시 성품에 관한 것이다. 겉으로는 기적과 이적과 체험이 포장되어 있지만 언제나 그 속에는 아버지의 자비하심이 충만히 깔려 있다.

공부를 잘하는 아이와 그렇지 않은 아이의 차이는 선생님이 가르치시는 원리를 알고 그 속에 내포된 비밀을 응용을 하면서 깨우치는 차이가 아닐까.

성품을 고치려고 많이 애를 쓴 적이 있다.

말을 함부로 거칠게 해서 상대에게 상처를 줬다는 이야기를 들으며 얼마나 자책을 했는지 모른다.

"하나님이여 내 속에 정한 마음을 창조하시고 내 안에 정직한 영을 새롭게 하소서"

(시편51:10)

이 말씀을 외우고 외우면서 마음이 깨끗하기를 원했다.

거짓과 음란과 욕심과 정죄감에 정말 각종 더러운 것을 다 끌어안고 주님께 회개하고 또 회개하면서 고쳐달라고 기도했다.

회개를 해도 고쳐지지 않아 얼마나 낙심을 했는지 모른다.

정죄감에 얼마나 내 자신을 비하했는지 모른다.

겉과 속이 다른 자이기에, 그래서 타인이 눈치채지 못하도록 얼마나 전전긍긍했는지 모른다.

"너의 아버지 말은 전부 다 거짓말이야."라는 친정엄마의 말씀이 귀에 못이 박혀 있기에, 진실하려고 나름 애쓰지만 작은 흠에도 내 자신이 한없이 무너져 갔던 기억이 넘친다.

온유하지 못하고, 관용을 흉내내서 되는 게 아니라 금세 들통이 나버리고, 이런 딜레마에 오랫동안 갇혀있었다.

복음을 만나고 성품은 내가 노력해서 얻어지는 것이 아니라는 진리를 만나면서 새장에 갇혔던 나는 자유를 얻게 됐다.

주님을 닮으려던 모습에서 주님을 찾는 자로 바뀌면서 서서히 내 안에 오신 주님의 성품이 나를 물들여 가기 시작했다.

나는 절대 못 합니다. 나는 절대 안 됩니다. 나는 절대 할 수 없습니다. 나는 주님과 함께 십자가에서 죽은 자입니다.

오직 예수입니다. 오직 예수뿐입니다.

주님을 찾고, 주님의 이름을 부르면서 주님께 나를 맡기는 연습과 진리를 선택하는 훈련이 지금의 평안함을 누리게 하고 있다.

얼마나 나를 포장하고 싶었는지.

속을 채우지 않은 만두와 찐빵은 더 이상 만두도 아니고, 찐빵도 아니다.

내용물로 이름이 붙여지기에 속을 채워야 한다. 그저 밀가루일 뿐이다.

하나님께서 원하시는 것은 진정 우리의 행복이고, 행복은 우리의 성품이 변하지 않고서는 절대 얻어지지 않는다.

성령의 열매 역시 모두 성품의 이야기다. 돌아온 탕자를 기꺼이 맞이하시는 아버지의 환대 역시 아버지의 성품이다.

얼마나 멋지고 얼마나 아름다운지 가슴이 뛴다.

오직 예수로만 얻어지기에 그것도 값없이 거저 얻어지기에 얼마나 다행인가.

아름다운 성품을 사려고 백화점으로 달려가야 한다면 우리네는 영원히 순서가 오지 않을 것이다.

아이들에게 성품을 가르치려는 잔소리는, 먼저 부모의 성품이 주님과의 코드가 맞지 않으면 어려운 일이다. 물론 단시간에 만들어지고 바뀌어 가는 것이 아니기에 주님과의 친밀감을 위해 집중력을 길러야 한다.

진리를 묵상하는 연습과 주님이 성경에서 하신 일에 대해 곰곰이 정황을 살피는 연습이 내면의 힘을 기른다.

하나님의 자존심

구역예배에서 구원받은 우리들의 명예와 영광을 나눴다.

창조주 하나님께서 친히 피조물인 사람이 되어 피조물에게 죽임을 당하시고, 다시 살아나셔서 말할 수 없이 더럽고 추한 그릇 속으로 들어오신 이유를 나누다가 하나님의 자존심이라는 단어까지 들먹이며 흥분하기 시작했다.

성경은 딱 두 단어다.

죄와 예수.

하나님은 당신이 그토록 사랑한 사람들의 죄를 모두 들춰내셨다.

사람들의 이해의 수준을 넘는 죄까지도 말이다.

"어쩜 저럴 수가 있지, 사람인데."

아담의 두 아들이 시기 때문에 살인을 저지르면서 그래도 가족인데, 그 정도를 가지고 죽이기까지 할 건 뭐 있어.

사람을 모르는 수준에서의 이해는 불가능하다.

죄라는 것의 본질과 속성을 모르기에 답까지의 길은 멀다.

이스라엘의 별로 사람들의 영웅인 다윗도 있을 수 없는 죄를 짓지 않았던가.

그래도 하나님은 사울은 그보다 못한 죄를 짓고도 버리시면서 다윗은 왜 붙잡고 계신가.

철저히 내 머리에서의 이해다. 내 기준에서 논하는 우스운 짓거리다.

하나님을 모르기에 내 기준에서 죄를 논할 수밖에 없다.

구약의 전체가 사람들의 죄를 낱낱이 들춰가며 하나님이 택하신 이스라엘을 소개하고 있다.

상상을 초월하는 일과 이해하기 어려운 일도 나온다.

"뭐 사람이 이 정도야?"

언제나 나는 그들보다 낫다는 생각이 든다.

참~ 고질병이다. 이런 사람들 속으로 들어오신 주님이 대단하다는 마음이다.

여간해선 자신의 모습을 알지 못하고, 보지 못하는 자들에게 주님을 보이신다는 계획을 세우시고 이 땅으로 들어오심이라니.

지금으로서는 있을 수 없는, 대통령이 부하를 죽이고, 부하의 아내를 택한 일이 부끄러울 텐데, 당신의 자녀를 그렇게까지 까발리시면 하나님의 명예를 더럽히는 것이 아닌가.

다윗왕의 얘기다. 이런 다윗이 지은 범죄에서 벗어날 만큼 의로울 게 없는 자들을 택하시고 구원하신 자들을 결코 정죄하지 않으신다는 말씀이다.

석재가 내 아들인데 그 애가 죄를 지었다고 해서 엄마와 아들의 관계가 끊어지는 것이 아니지 않는가. 한 번 아들이면 영원히 아들이다.

내 생명을 이어받아 태어났기에 유전자 검사를 해도 내 아들이고, 세상 사람이 아무리 나를 욕하고 아들을 욕한다 해도 아들임에 틀림없다.

내가 석재가 못됐다고 사람들에게 욕을 할지언정 다른 이들이 내 면전에서 석재 욕을 하는 것은 경우가 아니다. 경우를 넘어서 용납할 수가 없는 일이다.

이것이 나의 자존심이다. 내 아들을 지키는 마지막 자존심이다.

하늘 아버지에게는 당신의 잃어버린 자녀를 되찾는 프로젝트를 실행하셨다.

그것도 신이라는 분을 사람으로 만들어서 말이다.

잃어버린 당신의 자녀를 찾는 값은 생명이 필요했다. 피의 제사가 반드시 필요했다.

당신의 자녀를 찾는 일에 사람이 제물이 되어서는 절대 안 되기에 차라리 당신이 죽는 일을 선택하셨다.

차라리 사람을 죽이는 게 낫지 않았을까.

세상엔 못된 인간이 넘치고 넘치는데 말이다.

그리고는 엄포를 놓으신다.

당신이 구한 자녀들에게 절대 죄있다고 말하지 말라고.

"사단아, 내 자녀들에게 손을 대서는 안돼."

죄 있는 과거의 미연이가 아니라 내가 새롭게 만들었다고 하늘이 울리고 땅이 울리도록 선포를 하신다.

아버지의 자존심이다.

아버지의 구원 프로젝트에 감히 누가 훼방할 수가 없다고 당신의 자녀들을 보호하신다.

멋져요, 하나님.

최고예요, 아버지.

짱입니다.

평안

요한이가 사무실에 와서 상의할 게 있다고 전화를 했다.

그리고는 인부들이 노임을 받고 간 다음에 오라고 했다.

사무실에 들어와 의자를 끌어다 가까이 앉고는 여자 친구에게 좋지 않은 말을 하려고 하는데, 해도 되나 안되나를 무엇으로 알 수 있느냐고 묻는다. 그것은 "육신의 생각은 사망이요, 영의 생각은 생명과 평안이니라"(로마서8:6)로 분별할 수 있다고 말을 해줬다.

요한이 마음이 어떻게 해야 평안할지를 생각해보라고 조언을 했다.

구역예배에서 집사님 한 분이 비슷한 질문을 한다.

이번 주 말씀이 "아버지의 뜻"인데 우리 삶이 주님의 뜻인지 아닌지 분별하는 것에 대해 궁금해 하면서, 십일조에 대해 물었다. 지난주 목사님 설교를 듣고, 우리 신앙의 고백이 십일조에 있다는 말씀에 마음이 찔렸다고 하면서 어떻게 해야 할지를 물었다. 집사님의 마음이 지금 고민이 되고, 여러 가지 생각에 붙잡혀 있으니, 어떻게 해야 평안이 있는지 없는지로 분별하라고 전했다. 과거 빚이 있었던 힘든 경험이 있어서 실제 수령액에 대해 십분의 일을 못 내고 있는 마음을 전했다. 아무리 말씀을 들이대도 자신의 형편과 명분을 앞세우면 사람을 설득시키고 납득시킬 수가 없기에 집사님 편한 대로 하시라고 전했다.

내일 인부 두 분이 현장으로 투입이 되기 전에 교육을 받으러 가야 하는데 한 분이 문자를 해도 답이 없고, 전화를 몇 번 걸어도 받지를 않는다. 새로운 거래처에서는 인부가 확보가 됐는지 전화가 왔고, 실수가 없어야 하기에 여간 마음이 쓰이는 것이 아니다.

밤에 자다 깨서는 이 생각으로 불안하고, 걱정이 몰려오면서, 이 분이 나오지 않으면 어떻게 대처할 것인지 골똘히 신경을 쓰고 있는데, 평안으로 가지 않으면 모든 게 육신의 생각이라고 구역예배에서 가르친 게 생각이 났다.

말씀을 떠올리고는 이내 그래 주님께 다시 집중하자고 마음을 돌려본다.

주님께 마음을 집중하는 가장 기본은 감사를 하는 것이다.
그리고는 정말 아무렇지 않게 잠이 들었다.

나의 삶의 내용에 하나님의 음성을 듣고 하나님의 뜻을 안다
고 행동으로 옮긴 결과에, 의심하고 불안해하고 걱정하고 두려
워까지 했는지 모른다.
결과는 언제나 내 맘이 원하는 방향으로 가야 하는데, 그렇지
않을 때 낙심하고 절망하기까지 한다. 함부로 하나님의 뜻이라
고 교인들에게 전했던 기억도 있다. 물론 받아들여서 잘된 경우
도 있지만, 그로 인해 낭패를 겪은 적도 있다.

사람 각자의 굳어진 생각 때문에, 조언이라고 해도 평안을 가
지라고 해도 말뿐이지 본인이 주님을 찾지 않으면, 평안은 주님
아니고는 절대 누릴 수 없는 것이기에, 이젠 입을 함부로 열려고
하지 않는다.

평안.
주님이 주신 가장 놀랍고 값으로 매길 수 없이 귀한 선물이다.
구원으로 주신 선물로 이처럼 놀라운 것은 없다고 여겨진다.
나이가 들어보니 헛된 것으로 마음의 쉼을 갖지 못하게 한 사

단의 농락이 엄청남을 실감한다. 시시때때마다 주님께 집중하지 않으면 금세 육신의 생각으로 평안이 깨트려져서 마음이 어지럽고, 혼란스럽고, 무질서하게 나를 괴롭힌다는 사실이다.

> "평안을 너희에게 끼치노니 곧 나의 평안을 너희에게 주노라 내가 너희에게 주는 것은 세상이 주는 것 같지 아니하니라 너희는 마음에 근심도 말고 두려워하지도 말라"
>
> (요한복음14:27)

신앙생활을 스스로 점검할 수 있는 것이 평안이다.
믿음의 바탕 위에서 주님으로부터 오는 사랑이라고 여겨진다.

주님.
정말 귀한 거 주셔서 감사해요.
어디에서도 구할 수 없고, 살 수도 없는 것이기에 얼마나 다행인지요.
오직 주님에게만 있어서 천만다행이에요.

오지랖

예배 말씀을 정리하면서 마지막 문구에 "그리스도 안에 있는 자는 우리가 걱정할 게 없습니다. 주님이 하십니다."라고 적었다.

은혜를 받는다는 것은 주님과 나와의 관계에 집중하게 된다.

신앙의 부분에 있어서 하나님과 나와의 관계를 회복하는 것이 신앙임을 모르고 그저 열심이 적은 것을 탓하고 걱정하고 근심했다. 쓸데없는 짓이라는 생각이 든 게 전적인 은혜다.

내 눈에 신앙심이 적고, 믿음이 적다는 판단이 들어오면 "쯧쯧", "저러다 어쩌려고, 으이구 복이나 받을까" 하며 쓸데없는 염려를 너무 많이 했다. 열심이 적은 자들의 미래가 그려지면서 딱하게 여겼다.

주님은 뭐 나에게만 역사하고 계시고 열심이 적은 자들에게는 주님이 잠만 주무시는 줄로 여겼다. 나만 이런 신앙으로 사람들에게 돋보이면 믿음으로 사는 줄 알았다.

정말 예수를 몰라도 너무 모르는 생각이었고, 복음의 '복'자도 모르는 태도였다.

부끄럽다. 하나님의 성품을 모르고, 하나님의 일하심을 모르면서 나의 쓸데없는 생각의 테두리에 갇힌 신앙생활이었다. 지금은 전보다는 나아지긴 했지만 죽을 때까지 배워야 하는 하나님의 일하심이다. 하나님의 성품이다.

나를 돌아보면 하나님의 일하심을 답답하게 여겨 내가 나서는 일이 많았다. 주님의 마음을 받지도 않았는데 내가 먼저 나서고, 내가 먼저 베풀고, 내가 먼저 흥분하고, 내가 상대의 걱정을 다 끌어안고 우울하기도 했다. 나는 예수를 알고, 너는 예수를 모른다는 전제가 전체에 깔려 있었다. 그렇게 아주 오랫동안의 시간 속에서 가뜩이나 '내가'라는 질긴 심지가 더 단단해진 모습이다.

아기가 자라는데 편차가 있는데, 사람들의 근본적인 성향이 다 다른데, 각자가 살아온 환경과 상처가 다른데, 나와 같지 않음에 왜 그렇게 설치며 살았는지.

하나님이 이끄시고 계신데 왜 주제넘게 나섰는지.

그저 기도하고 하나님의 일하심을 주의 깊게 보면 될 일이다.

그리고 주님이 주시는 마음에 따라 격려하고 응원해주면 될 일이다.

하나님은 졸지도 아니하시고, 주무시지도 아니하시고 우리를 살리려 애쓰시는데, 하나님을 밀어내고 내가 살리지도 못하면서 살려보겠다고 나서지 않도록 주의를 해야 한다.

그리고 가장 중요한 하나님과 나와의 관계에 좀 더 집중하면서 가면 된다.

그리스도 안에 있는 자는 성령이 일하시고 움직이신다. 생명은 가만히 있지를 못하지 않은가. 생명은 자라게 하고, 몸집을 늘리고 키를 키우면서 세상의 비바람에 맞서게 한다.

생명이신 주님이 하십니다.

바람의 노래

살면서 듣게 될까, 언젠가는 바람의 노래를.
세월 가면 그때는 알게 될까, 꽃이 지는 이유를

나를 떠난 사람들과 만나게 될 또 다른 사람들.
스쳐 가는 인연과 그리움은 어느 곳으로 가는가

나의 작은 지혜로는 알 수가 없네.
내가 아는 건 살아가는 방법뿐이야.

보다 많은 실패와 고뇌의 시간이 비켜갈 수 없다는 걸 우린 깨
달았네
이제 그 해답이 사랑이라면 나는 이 세상 모든 것들을 사랑하겠
네….

분노를 해도 달라지지 않는다는 것을 배워야 분노가 아무 소용이 없다는 것을 깨닫게 되고, 그때서야 분노를 차츰 줄여갈 수 있다고 하신다.

잔소리를 지겹게 해도 나아지지 않는다는 것을 알아야 잔소리를 줄인단다.

고함을 지르고, 덤벼봐야 이기는 게 아니라 결국 지는 것이라는 사실 앞에 절망을 하고, 비참함을 전신에 비를 맞듯 맞아야 조금 후퇴를 한단다.

얼마나 포기하지 못했던가.

얼마나 약이 올라 울었던가.

얼마나 분해서 이를 갈며 참아야 했던가.

얼마나 참지 못하면 차를 끌고 집을 뛰쳐나갔던가.

부질없고, 소용없고, 다른 방법이 없다.

그래 접자. 마음에서 떠나보내자. 생각을 말자.

다짐과 결단은 금방 효과가 있어 보이지만 오래 가지 않고 제자리를 찾아온다.

뭐 어쩌라구, 뭐 나보고 어쩌라구, 죽겠는걸.

주님의 말씀이 들려온다.

"넌 십자가에서 죽었어."

"네 안에 네가 할 수 있는 자원이 없어."

내가 할 수 있는 게 없다는 사실로 "네, 그러면 주님이 해주세요."

"사랑하고 싶어요."

"주님의 성품으로 나를 가르치시고, 인도해주세요."

주님만이 가능한 일이잖아요.

내 작은 지혜로는 아는 것이 없어요.

그저 주님께 전부를 의탁합니다.

항상 기뻐하라

"항상 기뻐하라, 쉬지말고 기도하라, 범사에 감사하라. 이는 그리스도 예수 안에서 너희를 향하신 하나님의 뜻이니라"

(데살로니가전서 5:16-18)

이 말씀은 교회에 발을 들여놓은 사람은 누구나 암송하고 있는 말씀이다.

아이들과 가정예배 드리면서 꽤나 암송한 말씀이다.

"아버지 감사합니다"라는 기도문을 반복해서 했기 때문에, 범사에 감사하라 쉬지 말고 기도하라는 말씀은 어느 정도 실천하고 있다고 생각했다.

그런데 "항상 기뻐하라"가 도저히 안 되는 것이다.

어떻게 기뻐할 수 있을까. 내 안에 있는 죄로 인해 기쁨이 없다고 여겨 더욱 회개기도에 매달리기도 했다. 작은 죄라도 떠올리면 바로바로 회개작업에 들어갔었다.

내 자신이 많이 깨끗해졌다고 여기고 소위 죄가 많아 더럽혀진 곳은 발그림자도 안 하는데 기쁨은 솟아 나지 않았다.

복음을 만나면서 위의 말씀들이 내가 노력해서 얻어지는 것이 아님을 확실히 알게 됐다.

내 안에 들어와 계신 성령이 움직이고, 일하셔야 하는 것이다.

내 입으로 매사에 "감사합니다"는 어느 정도 의지로 할 수가 있다.

억지로라도 범사에 "감사합니다"를 되뇌이다 보면 내 속의 원망과 불평이 잦아들기도 한다.

그러나 근본적으로 내 안의 주님을 인식하고 의지하는 연습이 필요하다.

주님이 하신다라는 믿음말이다.

어려운 상황에서도 "주님이 하실 거야"라는 믿음으로 입을 다물고 기다리는 시간을 갖어야 한다.

"아버지, 감사합니다", "주님, 감사합니다"고백의 종류가 다양해지면서 감사의 깊이가 더해간다. 예전에 고백한 감사보다 아주 사소한 일이나, 상황까지 감사를 하다보니 이제야 기쁨을 알게 하신다.

삶 속에서 주님을 경험하는 것이 기쁨으로 이어지고, 주님과의 관계가 친밀해질수록 기쁨이 이어진다.

"항상 기뻐하라."

나를 내려놓고 주님을 경험하면서 삶의 주체가 더욱 주님이 되시는 길이다.

먼저 감사의 연습과 훈련을 시작하자.

아침에 눈을 뜨는 것부터 감사가 되고, 나의 기억과 생각이 어제하고 달라지지 않았음에 감사하고, 사무실에 나올 수 있는 것도 감사하고, 헤아릴 수 없이 많은 것들에 감사를 넘치게 하다 보면 "어~ 주님이 하셨네", "이런 일도 주님이 만드신 거야." 주님의 뜻을 깨닫고, 주님께 집중하다 보면 내 안에 계신 주님의 기쁨이 솟아오른다.

주님을 인정하는 양과 깊이만큼 주님이 드러나신다.

주님의 속성인 기쁨과 사랑이 자동 드러나게 되어 있다.

하나님의 지혜

장성한 자녀들과 같이 살다 보면 스마트기기들에 크게 놀라곤 한다.

"야, 이렇게도 되는구나."

"이걸 사람들이 만든 거야?"

사람들에게 주신 지혜가 정말 크다고 감탄하지 않을 수 없다.

어떻게 이처럼 작고 얇게 만들 수 있을까 하며 큰 딸이 사준 노트북에 글을 쓰면서 다시 놀란다. 직접 보지는 않았지만 이집트의 피라미드가 만들어진 것이 불가사의라고 한다.

현대의 과학이 풀어내지 못하는 것을 보면 정말 신기한 것이라 여겨진다.

중국 여행을 가서 높은 산의 잔교를 보면서, 이걸 만들 생각을 한 것도 대단하다고 감탄을 한다. 아무리 중국의 인구가 많다고 하지만 높은 산에 길을 만들고 자재를 사람이 다 옮겼다는데 혀를 내두를 지경이다.

인천대교를 지나면서 바다 위에 세운 다리를 보고도 신기해했다.

그럴 때마다 사람들에게 놀라워했었다. 사람들을 높였었다. 그리고 하나님에게는 큰 감동 없이 사람들에게 주신 지혜가 대단하다는 표현 정도였다.

구역예배를 드리면서 하나님이 아담에게 주신 지혜가 실로 대단한 것이었다고 나눈 적이 있다.

하나님께서 세상의 모든 것을 사람들을 위해 셋업 시켜놓으시고 아담에게 생육하고 번성하여 땅에 충만하라, 땅을 정복하라, 바다의 고기와 공중의 새와 땅에 움직이는 모든 생물을 다스리라고 하셨다.

이 모든 일을 이루기 위해 꼭 필요한 것이 지혜다.

아담에게 하나님의 지혜를 부어주셔서 각종 들짐승과 공중의 각종 새에게 이름을 짓도록 하신 것에 놀라워했다. 배운 것으로, 경험으로 지은 것이 아니라 그들의 모양과 움직임을 보고 이름을 지었을 거란 생각을 해본다. 얼마나 놀라운 일인가.

사람들에게 부으신 지혜를 우리 주변의 일상을 돌아보면 셀 수가 없고, 헤아리기 어렵다.

음악, 미술, 등등

요즘 짬이 나면 유튜브에서 대량으로 음식을 만드는 동영상을
시청한다.

김밥 만드는 기계부터 어쩌면 사람들은 필요를 따라 별별 기
계를 다 만들어서 사용한다.

이러한 동영상을 보고 있으면 하나님께 놀라기 보다 늘 사람
에게 열광하고, 사람들에게 찬사를 보내고, 사람들을 지극히 높
인다.

이 모든 것은 나의 관점이 늘상 사람 중심에 꽂혀 있기 때문이
다.

우리들은 갑작스런 상황에서 순간 지혜가 떠오르면서 일을 처
리하는 것을 보면 스스로를 얼마나 대견하게 여기는지 모른다.

아이들이 엄마는 대단하다고 엄지를 치켜들기도 한다.

"하나님이 주신 지혜지."

이 말이 입으로는 그럭저럭 되는데 내가 낮아지기란 어렵다.

낮은 자, 겸손한 자의 코스프레는 얼마든지 한다.

그러나 언제나 나의 이름이 높아지기를 원한다.

사람들의 이름을 높이고 흩어짐을 면하기 위해 벽돌로 바벨
탑을 만들었다. (창세기11장)

바벨탑을 구약의 그 시대에 쌓았다는 게 이해의 수준을 넘는
다.

지금은 각종 기계나 도구를 사용해서 높은 건물을 지을 수 있
지만 그걸 어찌 지어서 하늘에 닿아보겠노라고 하나님께 도전을
하다니.

사람에게 부으신 지혜가 실로 놀랍다.

하나님의 지혜를 가지고 악하고 악한 곳에 사용하더라도 그
지혜를 거두지 않으신다.

하나님의 자비하심이라고 여겨진다. 한번 주심을 거두지 않으
시는 아버지의 성실하심과 책임감이라고나 할까.

우린 아이들에게 좋은 것을 줬는데, 아이들이 잘못 사용하거
나 부모의 말을 듣지 않으면 도로 빼앗고, 협박하는 일이 대부분
이다.

사람에게 부으신 하나님의 지혜로 사람들 스스로를 높이고,
하나님의 영광을 가로채는 온갖 야비함에도 주신 것을 거두지
않으시는 하나님의 자비하심이 있기에 오늘날이 있다.

얼마나 많은 것을 누리는지 모른다.

아침에 눈을 뜨기 시작해서 하루의 삶을 살아가는데 사람들이 하나님의 지혜를 빌어 만든 것들로 삶이 풍성하다.

아버지.

당신께 다시 감사드립니다.

아담에게 주신 지혜를 거두지 않으셨기에 악 또한 넘치지만 선한 것들도 넘칩니다.

삶의 모든 내용이 온통 주님의 지혜입니다.

날마다 구원을 이루라

복음으로 시작한 예수의 초자연적인 구원을 믿고 신앙의 울타리로 들어간 삶이 율법으로 돌아가는 사태가 점점 심각함을 느끼게 된다.

나는 십자가에서 그리스도와 함께 죽었는데 여전히 나의 열심과 나의 판단을 강요받는다.

그리고 평생 율법으로 살아왔기에 복음으로 다져진 근육이 적어서 그런지 금세 주님이 아닌 내가 먼저 나오고, 나로 끝을 낸다.

마틴 루터의 일생을 보면서 두려움이 생긴다.

종교개혁이라는 기독교의 시작을 죽음과 맞서 지켜낸 분이 반유대주의로 돌아섰다는 것은 충격이다. 성경 속의 인물인 데마도 주님을 떠나 세상 속으로 돌아갔다.

대형 교회의 목사님도 복음으로 시작한 목회를 절대 세습을 안 하겠다고 예배 중에 여러 번 선포하셨음에도 결국 왕의 자리를 아들에게 물려줬다. 게다가 불법 비자금까지 해외로 빼돌렸다는 루머에 재정을 맡은 장로님은 목숨을 끊었단다.

『평생임신』이라는 책을 썼고, 구역장으로 나름 복음에 대해 구역원들에게 가르치면서 율법으로 돌아간다는 두려움이 없었는데, 나의 지위와 나의 영역의 확장으로 나도 그럴 수 있다는 생각이 들었다.

"두렵고 떨림으로 너희 구원을 이루라"

(빌립보서2:12)

사도 바울의 목소리가 귀에 울린다.

복음을 알게 되고 복음의 소중함과 구원의 귀함을 알면서도 삶의 전반에 걸친 복음의 빛 비침이 아니면 속을 수 있다.

이 상황에서 크게 벗어나지 않는 삶이기에 율법으로 돌아간다는 생각은 일도 하지 않았다.

그러나 나의 내면의 깊은 골짜기에 숨겨진 성공한, 그래서 안심인 교만이 들어 있다.

"이 정도면 뭐."

주님!

겨우 들어선 복음의 길에서 다시 율법의 진흙탕 길로 돌아갈
수 없습니다.

어떻게 살아왔는데요, 어떻게 붙잡은 길인데요.

주님!

주님의 말씀으로 더욱 나의 심령을 때리소서.

"내가"라는 죽지 않은 불씨가 큰불로 번지지 않도록 자나 깨나
불조심을 할 수 있도록 도와주소서.

오직 예수입니다. 오직 예수뿐입니다.

예수로 시작해서 내가 이뤄놓았다고 자랑하지 않게 해주세요.

주님 것을 훔쳐서 내 영광을 위해 전시품으로 사용하지 않게 하
소서.

봉순이

봉순이의 종은 미니 비숑이다.

털이 나오면서 바로 곱슬거리기에 빗질을 잘해 주어야 한다.

빗질을 바로 해주지 않으면 서로 엉켜서 떡덩이가 된다. 그래서 장점은 털이 잘 빠지지 않는다. 우린 봉순이 케어를 금아에게 맡기고 무심하게 지냈다.

금아가 바쁘거나 여행을 가면 빗질을 해주지 않았다.

금아 역시 봉순이 몸에 깊게 빗질을 해줘야 하는데 겉만 빗겨준 것도 실수였다.

엉킨 부분에 빗질을 하려고 하면 봉순이가 몸부림을 치고 당김이 심해져서 우리 스스로도 포기를 한다.

미용을 하러 가면 떡덩이가 된 개수만큼 값이 올라간다.

다른 강아지는 바리깡으로 미용을 하는데 봉순이는 가위 컷으로 하기에 비용이 더 든다.

봉순이는 얼굴의 털을 어떻게 깎아주느냐에 따라 천의 얼굴을 한다.

사람에게 화장발이라는 표현이 있는 것처럼 봉순이는 털발이다.

이런 봉순이를 관리를 잘못해줘서 전신의 털을 깎아준 적이 있었다.

털이 옷인데 발가벗겨진 봉순이는 아예 움직임이 없고 소변도 아무 데나 보는 등 실수를 했다.

사료도 먹지 않아서 병원에도 데려갔었다.

스스로도 수치심을 느낀다는데 경험도 없는 우리는 걱정이 넘쳤다.

실내에서 입는 옷을 사다 입히고 봉순이가 좋아하는 소고기도 사다 먹였다.

시간이 지나면서 더디게 회복이 되었다.

그런데 한번 경험으로 정신을 바짝 차려야 하는데 우린 또다시 봉순이의 털에 민감하지 못했다. 먼저보다 떡덩이가 다리에 덕지덕지 매달려 있다.

"아이고 얼마나 무거울까?"

딱하다고 말을 하면서도 봉순이가 울지도 않고, 우릴 들볶지 않으니 무심했다.

아마 사람 같았으면 난리를 부렸을 것이다.

봉순이를 다시 미용샵에 맡겼다.

먼저보다 더 짧게 온몸을 다 깎았다. "아이고, 미안해, 봉순아
…"

털이 없는 봉순이를 끌어안고 얼러준다.

사람이 선악과를 따먹고, 눈이 밝아져 온몸이 벌거벗었다는
것을 알게 됐고, 이 일이 수치라는 것을 감지했다. 벗고 살다가
벗은 사실을 왜 부끄럽게 여기게 됐을까.

선과 악의 심판의 자리에는 오직 하나님만 계신 곳인데 아담
은 그 자리에 올라 판단하기 시작했다. 상대의 흠을 발견하기 시
작했고, 흠이 사람을 괴롭게 하기 시작했다. 나와 다른 상대의
행동을 못 견디고 그래서 나의 기준을 강요하고, 아무리 잔소리
를 해도 나아지지 않는, 나와 같지 않음에, 죽음과도 같은 고통
을 갖게 됐다. 선악과의 저주에 놓이게 됐다.

그 후 사람들은 자신을 가리는 데 급급하게 살아왔다.

물론 옷이라는 눈에 보이는 형태도 있지만 하나님 앞에서조차
벌거벗은 자가 아닌 자신을 증명해내고자 하나님과 관계가 없는
것들에 집중하고 치장을 했다.

우리는 하나님 앞에 벌거벗은 몸으로 나아가는 것이 복음의 시작이다.

오직 예수 그리스도로 옷 입으라는 말씀처럼 말이다.

> "누구든지 그리스도와 합하기 위하여 세례를 받은 자는 그리스도로 옷입었느니라"

(갈라디아서3:27)

새, 물고기, 강아지, 사자, 호랑이 등등 하나님은 처음부터 각각에 맞게 옷을 입혀주셨다.

그런데 유독 사람에게만 아무 옷도 입혀 주시지 않았다.

아담이 살던 에덴동산은 우리가 생각하는 작은 동산이 아니다.

그 동산에서 네 강의 발원이 됐다고 표현된 것을 보면 동산 수준이 아니라 높았다는 것이다.

이런 곳에서 열매를 따먹으려면 타잔 정도는 됐을 것이다.

춥지도 않고, 덥지도 않고, 다치지도 않고 지낸 것이다.

모든 것이 하나님의 보호하심이었다고 말할 수 있다.

선악과 이후 아담은 무화과 잎을 엮어 몸의 앞부분을 가리는 수준으로 하나님을 기만하기 시작했다. 그것이 지금까지 말이다.

봉순이에겐 털이 없다는 것이 수치이지만 우리는 덕지덕지 우리를 덮고 있는 것들을 부끄럽게 여겨야 한다.

다 벗어야 하고, 벗겨져야 한다.

그래서 예수의 옷을 입어야 한다.

하얀 세마포로 말이다.

위로

목사님의 말씀을 정리해서 지인들에게 톡으로 보낼 때 사용한 문구가 '하나님은 내 편'이라는 말이다. 주님이 내 안에 들어오셔서 나를 인도하실 때, 맘에 들지 않는다고, 범죄를 지었다고, 고집이 세다고, 순종하지 않는다고 나를 떠나시지 않는다. 여전히 나와 함께 하시는 하나님께서 얼마나 나의 편이 되어 주시는지, 삶 속에서 점점 세밀하게 보여주시고 있다.

하나님께서 내 편이시면 나는 사람들, 특히 가족이나 친구, 지인에게 난 그들의 편이었나를 생각하게 하신다. 남편과 아이들에게 얼마나 남의 편이 되었는가.

"네가 잘못한 거야."

상황을 듣고는 답을 즉시 내린다. 나에게 말을 할 때는 같은 편이 되어달라는 것이 아닌가. 내가 말이라도 같은 편이 되어 준다 해도 이미 종료된 상황이 뒤집히지는 않는데, 정답만 들이대는 철저한 율법의 삶이었다. 예수를 요란하게 믿으면서 예수의 생명이라곤 찾아볼 수 없는 사고방식이었다.

남편 곁에 앉아 운전을 하며 사고 날 뻔했던 상황을 내 중심으로 이야기해나가면 남편은 언제나 다 듣고는 "당신이 잘못한 거야."라고 말을 했었다. 그럴 때면 더 약이 오르곤 했다. "다시는 남편에게 말을 하지 말아야지." 다짐에 다짐을 했었다. 그렇게 남편과 나는 점점 서로 남의 편이 되어가면서 대화가 줄어들었고, 공유하는 부분이 없다 보니, 퇴근하고 돌아온 남편의 밥상을 차려주고는 방으로 들어가곤 했다. 서로에게 감사하다거나, 수고했다는 말은 오랜 시간 자취를 감췄었다. 나도 남편에게 "여보, 수고했어요."가 없었고, 남편도 시부모님을 모시고 십여 년 넘게 서울에 있는 병원을 새벽부터 다녀왔어도 내게 "수고했다"라는 말이 없었다. 물론 많이 서운해했었다.

"뭐 자기 부모를 모시고 다녀와도 인사가 없네."

남편이 항암으로 살이 빠지고 걷는 것조차 힘들어 할 때 병문안을 가면 무균실에 입원해 있던 남편을 간호사가 휠체어에 태우고 잠시 병동을 빠져나와 얼굴을 보게 한다.

난 반갑게 "여보" 하면서 안아주기도 하고, 얼굴을 부비기도 한다. "내가 나가면 잘해 줄게." 남편이 나에게 삼십 년 넘게 살면서 처음 건네는 단어들이다. "어떻게 잘해 줄 건데?" 내가 다시 물어보면 그냥 웃는다. "알았어, 잘해 줘야 해." 나도 웃으며 말을 한다.

고열과 패혈성 쇼크로 오늘을 넘기기 어렵다는 의사의 말을 듣고 이젠 마지막이구나 정리하는 마음이 들면서 마지막 인사를 남편에게 건넸다. "여보, 너무 수고 많았어요.", "너무 애쓰셨어요." 침대에 누워있는 남편을 온몸을 실어 안으면서 귀 가까이에 말을 전했다. 볼에, 이마에 키스를 하면서 연실 말을 한다. "여보, 고마워.", "여보, 사랑해."

떠나는 남편은 나의 건강을 더 걱정하면서 남겨진 아이들과 잘 살아가기를 빌고, 또 빌면서 "미안해."라는 말을 남기고 떠나온 고향으로 돌아갔다.

위로의 말이, 진심 어린 위로의 말이 내 안에서 그간 건져 올릴 수 없었다는 안타까움이 너무 컸다. 한 사람을 그렇게 보내고 나서야 남의 편이 내 편이 되어 가는 길에 겨우 들어섰다.

얼마나 많은 사람들을 율법의 잣대로 밀어냈었는지 모른다.

이 땅에 잃어버린 자들을 찾아 오심은 구약의 이스라엘 사람들보다 우리가 도덕적으로 윤리적으로 상위의 사람들도 아니고, 그렇다고 하나님을 알기나 한 자들도 아니고, 구원자가 필요해서 간절히 기도한 적도 없는 자들이다.

> "우리가 아직 죄인되었을 때에 그리스도께서 우리를 위하여 죽으심으로 하나님께서 우리에게 대한 자기의 사랑을 확증하셨느니라"
>
> (로마서 5:8)

사랑은 위로다. 사랑은 한 편임을 확인시켜준다. 잃어버린 자들을 구하기 위해 불 속으로 뛰어 들어온 어리석고 바보스러운 선택이 오늘을 살아가게 한다.

"엄마, 사고날 뻔 했어." 운전을 하고 학교에서 돌아온 막둥이 요한이의 말에 "잘했어, 누구나 그럴 수 있어. 얼마나 놀랬니?" 꼭 안아준다. 어려움으로 인해 잘 못하여 돈 손실이 생겨나면 "살아 있으면 돼.", "괜찮아. 다음엔 주의하자." 하며 마무리를 짓는다.

가정에서, 교회에서, 직장에서 설 자리가 없는 우리의 사람들이 많다.

누구라도 한 편이 되어 하나님의 위로하심을 우리의 입술을
빌려 경험하길 바란다.

주님

주님.

믿음으로, 생명으로, 복음으로 산다는 것이 점점 더 어려워지네요.

주님 앞에 바짝 엎드린 것 같은데, 상황이 여의치 않으면 고개를 쳐들고 있는 내 모습이 보이네요.

겸손하게 주님과 함께 걸어가고 싶은 간절함이 그저 마음뿐이네요, 여전히 멋있고 폼나게 주님과 함께 걸어가려는 내 모습에 혀를 차지만, 얼마나 내 속에 그런 열망이 있는지 몰라요.

주님.

내가 겪지 않았던 일에 대해 섣불리 판단했던 말들이 다시 귀에 들려오면서 얼마나 오만하고 방자했는지요. 내가 직접 겪어야 조금 정신을 차리고, 작은 아픔이든, 큰 아픔이든 아픔을 갖고, 견디며 걸어가는 길이 쉽지 않음을 배우네요.

부끄럽고, 창피하고, 근데 또 이럴 거고, 다시 반복한다는 사실에 내가 이겨보려 다잡았던 마음이 내려지네요.

주님.

이번 생은 이럴 거예요.

죄가 발각되고, 다시 후회하고, 다시 부끄럽고.

주님은 연실 덮으시고, 연실 웃으며 오라 손짓하시고, 괜찮다고 다 괜찮다고 머뭇거리는 나의 등을 다독이시고요.

주님.

항복이에요. 언제 그랬냐는 듯 목이 뻣뻣하여 살다가 또 엎어지는 반복된 어리석음을 또렷이 기억하지만, 이번에도 다시 항복이에요.

예상치 못했던 일이 발생하고, 마음이 조급하여 인간의 생각으로 행동하고 결정할지라도 지금은 항복할게요. 나중 일은 나중에 계산하고 정리할게요.

주님.

정말 감사합니다. 진짜 감사하고요.

주님이 아버지되서서 감사해요. 얼마나 다행인지요.

한 번 자식은 영원한 자식이니 누가 뭐래도, 누가 나를 참소하고, 고발할지라도 난 아버지 자식이에요. 아버지는 나의 행실에 따라 자식의 연을 끊지 않으심을 알기에 정말 다행이예요.

주님.
잘 모릅니다. 그저 너무나 크신 주님께 아주 작은 가지로 붙어 있을 뿐이예요.
가지인 내가 뿌리로부터 어떻게 진액이 올라오는지, 그 진액이 어떻게 나를 자라게 하는지. 어떻게 생명이 유지되는지 내가 얼마나 알겠어요.
예수의 생명나무에 눈에 보이지도 않는 작은 점 같은 내가 붙어 있을 뿐, 모든 것은 주님이 하시고, 주님이 키우시고, 주님이 내 속에 당신의 숨결을 불어 넣고 계시고 있다는 말씀만 기억할 뿐입니다.

주님.
예수의 생명이 내 안에 있고, 그 생명으로 살아가고 있다는 원리인 믿음만 있기를 바랄 뿐이예요.
많이 아는 것처럼 목소리를 높였던 시간들이 가소로우시지요.
죄송하고, 미안해요.

내 안에서 어떻게 생명이 만들어졌는지도 모르면서 아기를 출산하고, 모유와 분유를 아기에게 먹이면서 뼈가 자라고 살이 오르는 놀라운 창조를 알지도 못하면서, 가정과(대학 전공) 시간에 들었던 얇은 지식으로 설명하려 했던 무모함이 어처구니가 없다는 사실을 이제야 깨닫네요.

나이를 먹는다는 것은 나의 작음이 발견되는 일이네요.
하나님을 아는 나의 지식이 너무 초라하다는 사실을 만나는 일이네요.
나이가 든다는 것은 살수록 삶이 어렵고, 삶에서 주님과 함께 걸어가는 일이 더욱 쉽지 않음을 배우게 하네요.
믿음이 큰 줄 알았던 신앙생활의 연수가 내세울 게 없음을 알게 하네요.

그저 욥의 고백으로 나아가길 간절히 원합니다.

"내가 주께 대하여 귀로 듣기만 하였삽더니, 이제는 눈으로 주를 뵈옵나이다. 그러므로 내가 스스로 한하고 티끌과 재 가운데서 회개하나이다"

(욥기42:5-6)

욥이 만난 크신 하나님을 저도 만나길 원합니다.

왜 지금껏 아직도 내 생명을 붙들고 계신지.
왜 여전히 축복하고 계신지.
왜 나여야 했는지.
왜, 왜, 왜.

주님.
오늘도 당신의 생명을 입은 이 우주가 존재하고, 돌아가고 있습니다.
오늘도 당신의 생명을 힘입어 아침을 맞이했습니다.

오늘도 이 땅에 발을 딛고, 발걸음을 움직이며 살아감을 감격하며.
오직 예수이고, 오직 감사입니다.

셋

가정예배

하나님의 은혜를 받고 나의 열심과 열정이 넘쳐 어린 아이들을 앉혀 놓고 가정예배를 드린 것이 거의 삼십 년 전이다. 믿지 않는 남편의 눈치와 잔소리를 피해 가며 찬송을 부르고, 말씀을 암송하게 했다. 집에 문제라도 생기면 방언으로 통성 기도를 하는데 내 목소리가 워낙에 커서 남편은 방문을 닫아 버리기도 한다. 지금은 그럴 일이 없다. 남편이 하늘에서 보고 있으니 말이다.

강제적으로 어린 아이들을 이끌고 싸워가며, 야단쳐가며 드린 예배의 연습이 아이들이 장성해서도 매일은 아니지만 일주일에 두 번 정도를 드린다.

석재가 퇴근하고 집에 왔다. 석재는 나가서 원룸에 산다. 가끔씩 집에 와서 식사를 하는데, 오는 날이면 거의 예배를 드린다. 말씀을 읽고 찬양도 하고, 목사님 말씀을 정리한 것을 읽으며 복음을 가르친다. 아이들의 순종함에 주님의 기쁨이 전해지면서 나도 말할 수 없이 기쁘다. 기쁨에 겨워 감사하다고 연실 아이들에게 인사를 한다.

복음은 삶이라고, 신앙과 삶이 따로국밥이 아니라고, 먼저 진리의 말씀을 정확히 바로 알아야 한다고, 과거 엄마의 신앙이 얼마나 율법에 매여 있었는지 알지 않느냐며 목사님 설교가 길다고 말을 하던 내가, 당부를 곁들여 힘을 주며 오직 예수께 집중하고 오직 예수께 모든 것을 아뢰고 의지해야 한다고 반복해서 말을 한다.

엄마의 설교를 잘 듣는 아이들(이젠 성인)에게 어쩌다 보상으로 주는 것이 현금이다.

아이들이 기뻐하면 난 한마디 덧붙인다. 주님께 붙어 있으면 엄마의 삶에 쏟아진 은혜 이상으로 너희들에게 부어질 거라고 말씀의 잔소리를 한다.

아이들이 어렸을 때 드린 예배는 지금 생각하면 경찰에 신고가 들어갈 지경이다.

진단 받은 병명은 아니지만 지금에서 생각해 보면 ADHD인 석재를 데리고, 매사에 불순종과 불만이 엄마를 닮아 극에 달한 금아를 모시고 예배를 드리는 것은 시장판이었고 난장판이었다.

요한이는 터울이 있어 아직 태어나기 전이었다. 요한이가 태어난 이후에도 예배를 드렸으니 아기는 울고 잠시도 가만히 있지 못하는 석재는 매로 때리면서 징징거리는 금아를 달래가면서 예배를 드리니, 예배 인도자인 나의 목소리는 가보지도 않은 군대이지만 군사들보다 더 크지 않았을까 싶다. 이때는 난장판에서도 예배를 포기할 수 없었다. 내가 하나님께 뭔가를 드려야 하고, 아이들에게도 예배를 가르쳐야 한다는 일념이 컸던 시절이었다.

예배를 일정 기간 드리거나 말씀을 암송한 결과에 따라 좋아하는 피자를 실컷 사주기도 하고 필요한 물건을 사도록 허락하면서 아이들에게 당근과 채찍을 사용했다.

한번은 상상을 동원하여 말씀을 그림으로 그려서 외우도록 하고, 암송한 말씀을 토씨가 하나라도 틀리지 않아야 통과를 시켜주고, 그전에 암송했던 말씀을 차례로 외우게 했다. 그러니 한번 예배를 드리면 시간이 오래 걸렸다. 아이들이 지쳐 자세가 흐트러지는 것은 당연한데 막대기를 옆에 두고 용납하지 않았다.

요즘에도 금아가 말을 한다. "엄마, 진짜 무서웠어." 석재는 사춘기 때 집을 나가고 싶었지만 엄마가 자신을 다시는 찾지 않을 것 같아서 나가지 않았노라고 웃으며 말을 한다.

방학이면 성경 통독을 하면서 일독을 하면 소원성취의 차원으로 사고 싶었던 것을 사준다. 돌아가면서 나눠 읽는 성경 통독은 그야말로 인내심의 훈련이다. 집중을 하지 않으면 이어 읽을 수가 없고, 읽었던 곳을 다시 읽고, 자세 또한 엉망이다. "엄마, 누워서 읽으면 안돼?" 난 단호하게 안 된다고 가르치고, "목소리가 작다", 똑바로 앉아"를 수없이 뱉으며 예배를 드린 결과물이 지금의 모습이다.

예배가 삶의 중심이 되고, 예배를 통해 주님께 나아가는 자세가 몸과 생각에 배도록 하기까지는 그리 쉬운 길은 아니다. 물론 나의 양육방식에 무리는 있었지만 엉망이었던 예배의 모습을 주님께서 많이 다듬어 주셨다.

"얘들아, 엄마 방으로 모여, 예배드리자."
이 말에 아이들이 불평 없이, 찌푸린 표정 없이 모이기까지는 실로 말로 다할 수 없는 인내를 훈련시키셨다.
아이들도 지금 엄마 말에 순종해서 예배를 드릴 수 있는 것은 어릴 적 훈련의 결과라고 말을 한다.

아직도 가야할 길이고, 여전히 완성된 것이 아니기에 주님을 찾을 수 있을 때 찾고, 주님께 의지하도록 예배를 통해 말씀의 중요성을 가르치려 한다.

아이들이 지금 장성한 자라고 하지만 신앙에 있어서는 여전히 어린 아이다. 어떤 풍파에 어떻게 대응하며 살아갈지 모른다. 아무리 큰 나무라도 태풍이 지나간 자리에 뽑혀 누워있는 것을 지금껏 보아왔지 않은가. 완성이라는 단어는 우리에겐 없지 않은가.

실패해도 돌아오면 된다고 누차 말했다. 잘못했어도 주님을 다시 찾으면 된다고 강조했다.

삶의 마지막 선택은 언제나 주님이어야 한다고 말이다.

교통사고

금아가 내 차를 운전하고 가다가 교통사고가 났다. 금아와 내가 함께 타고 있었다.

가장 바깥 골목에서 나오는 차가 우리가 달리고 있던 일차선까지 밀고 들어오면서 추돌사고가 났다. 한의원을 찾아갔고 상대방 보험사와도 합의를 보고 잘 마무리가 됐었다.

"그래. 다치지 않았으면 됐지."

서로에게 위로를 하며 일단락이 됐다.

얼마 후, 이 사고를 시작으로 주일 날 교회에서 집으로 돌아오는 데, 앞에 요한이 차가 일차선에 서 있었다.

"뭐야 사고가 난 거야?" 하고는 뒤따라가던 나는 차를 세웠다.

요한이가 정지 신호에 대기하고 있는 차를 받은 것이었다.

일요일이면 교회에 우리는 차를 세대에 나눠 각각 타고 온다.

금아와 내가 한 차를 타고 가고, 석재하고 요한이가 각각 차를 타고 온다.

식사를 하러 움직일 때면, 주차장이 좁은 식당은 자동차 세대가 들어가지 못해 돌아온 적도 있기에 선택의 여지가 많지 않다. 맛집을 검색하다 보면 언제나 1순위는 주차장이다.

가끔은 한 대로 움직였다가 식사를 마치고는 다시 교회에 돌아와서 차를 찾는 경우도 있다.

운전의 초보인 요한이가 걱정스러워 마음 한편에 불안감이 있다.

"요한아, 이 사고를 통해 주님이 너를 다루고 싶은 것을 알아야 해."

요한이가 코로나로 인해 집에서 비대면 수업을 진행하다 보니 계속 우울감에 젖어 있을 때 일어난 사고였기에 간단히 말을 전했다.

얼마 후, 아침에 카톡으로 사진이 한 장 전송됐다.

이번엔 석재 차가 조수석이 망가진 사진이다.

출근하던 중에 일차선에서 달리고 있는데 화물차가 깜빡이를 켜고 밀고 들어오다 난 사고라고 한다.

전화를 걸어보니 받을 수 없다는 멘트가 날아온다.

잠시 후에 석재에게 전화가 온다.

"다치지 않았어?"

"네, 엄마. 괜찮아요."

간단한 브리핑만 하고 전화를 끊었다.

그런데 상대방이 과실을 인정하지 않는다고 한다. 보험사 간에 합의가 안 됐다면서, 렌트카를 빌리면 하루에 십만 원을 줘야 한다고 하면서 그 돈이 아깝다고 한다. 그러면서 누나가 차를 가지고 석재의 직장까지 데리러 가는 사태까지 벌어졌다.

금아가 자기 차를 얼마나 아끼는지 모른다. 금아가 처음에 직장에 다니기 위해서 차가 필요했기에 내가 타던 오래된 차를 타고 다녔다. 그 후엔 중고차를 사서 타고 다니다가 석재가 타던 차를 탔기에 지금의 새 차를 아끼는 것은 당연한 것일지도 모른다. 그런데 차가 수리돼서 나오기까지 자기 차를 타고 다니라고 선뜻 대답을 한다.

"누나, 고마워."

가정예배를 드리면서 석재에게 이 일로 주님이 말씀하시는 것을 알아야 한다고 전했다.

문제가 생기면, 무조건 쉽게 빨리 해결해달라고 기도하며 매달렸던 지난날을 들추며 지금의 이 일 역시 우리를 성장시키시는 주님의 뜻이 있을 거라며 나눴다.

사고가 난 후에 나의 기도 역시 석재에게 충분히 주님의 다루심이 있기를 기도했다.

아이들이 크다 보니 나의 말로 아이들을 고치고 설득시킬 수 없다는 것을 절감하기에 하나님의 만지심이 필요하다. 석재의 마음이 하나님 앞으로 나아가길 기도한다.

구역예배에서 함 집사님의 아이들이 아직 어리고 세 명이기에 어려운 문제가 생기는 것을 통해 아이들이 자라난다고 전했었다. 문제가 없으면 우리는 해결 능력을 키울 기회를 얻지 못하는 것이다. 문제를 통해 가족이 하나로 뭉치고, 서로 지혜를 모으고, 잘못한 것에 대한 반성도 아이들을 자라나게 하는 것이다. 문제를 통해 가족이 하나로 뭉치려면 잘못을 따지는 것을 금해야 한다. 이미 벌어진 문제를 해결하는 데 마음을 모아야 하는데, 과거의 나는 먼저 아우성을 치면서 아이들을 나무랐었다. 아마 등짝을 몇 대 때리고 시작했을 것이다.

주님의 뜻을 정확하게 모를지라도 주님께 나아가는 태도가 중요하다.

이미 엎질러진 물을 우리가 어찌 퍼담으랴.

주님이 아버지시기에, 그것도 전능자시기에 하시리라.

너무 여러 번의 교통사고로 이런 기도를 하지 않을 수 없었다.

"주님, 사고가 나지 않게 해주세요."

늘 거창한 답을 제시하시지만 별 수 없다.

"일단 말입니다. 휴우~"

아름다운 그늘

올 가을은 유난히 추위가 늦게 오고 있다.

지금이 11월 20일을 넘어 섰는데도 낮에는 얇은 패딩이 더울 정도다.

낮 기온이 15도가 넘으니 이것도 기상이변이 아닐까 싶다.

밤이 되면 춥기에 낮에 봉순이를 산책 시킨다.

"엄마, 오늘 날씨 어때요?"

금아가 언제나 묻는 말이다. 봉순이와 같이 나갈 옷차림을 준비하느라 날씨를 묻는 건데, 이건 내 기준이라 금아와 잘 맞지는 않는다.

낮에는 햇빛이 강해서 난 선글라스를 끼고 걷는다.

봉순이가 눈이 부시지 않을까 염려를 한다.

산책을 가는 길엔 눈이 부시지만 집으로 돌아오는 길엔 내가 봉순이의 그늘이 된다.

그것도 봉순이 체구에 비하면 엄청난 크기의 그늘이다. 봉순이의 목줄을 붙잡고 걸으면 봉순이는 나의 그늘을 따라 앞서서 걷는다. 안심이 된다.

덥지는 않을까, 눈이 부시지는 않을까, 이리저리 살피며 걷는 산책길이다.

커다란 그늘 속에서 걷는 봉순이를 보면서 아버지를 떠올렸다.

아버지의 그늘 아래 살아가는 나의 모습이 그려진다.

아버지의 큰 손으로 나를 보호하시고 당신의 그늘 아래에서 더위를 지나게 하시고, 당신의 바람막이로 추위를 막으시는 모습이다.

이런 아버지를 몰라서 세상에 대해 얼마나 두려워했는지 모른다. 이런 아버지의 보호를 몰라서 얼마나 공포에 몸을 사리고 떨었는지 모른다.

봉순이의 주인인 나조차도 강아지를 위해 헌신을 하는데 하물며 전능하신 아버지의 손길이 어디에 묶여 있는 것처럼 무능하단 말인가.

영화에서 연인이 차 안에서 남자 친구에게 기대어 잠이 들었는데 손으로 연인에게 쏟아지는 빛을 막아주는 모습이 있다. 얼마나 아름다운지, 얼마나 따뜻한 배려인지 배시시 웃었다.

나도 그런 연애를 해봤으면.

그런 연애를 지금 하고 있다.

연인을 위해 생명까지 준 남자 친구와 말이다.

캠핑

추석을 맞이해서 아이들과 여행을 계획했다.

구례에 있는 애견 펜션에 예약을 했다. 자연이 수려한 곳으로 장소를 물색했다.

그러나 추석이 가까워지면서 아이들과 작년 설날에 갔던 여수를 기억하면서 명절에 길이 밀리는 것을 두려워했다. 가는 길도 밀렸지만 집으로 돌아올 때는 9시간이 걸렸었다.

그러다 동생의 권유도 있었고, 몇주 전 주일예배가 끝나고 아무 준비 없이 계곡을 찾았던 기억이 너무 좋기도 해서, 구례의 펜션을 취소하고 가평에 있는 애견 캠핑장을 예약했다.

캠핑은 아이들 어릴 적에, 여름휴가가 되면 텐트를 구입해 남편과 함께 다니곤 했었다.

그 후 티비에서 캠핑장에서 장박을 하고 있는 사람들의 이야기가 나오면 난 절레절레 고개를 저었다. "난 싫어, 귀찮잖아." 특히 늦은 새벽에, 화장실이 문제라며 난 절대 안 간다고 선언을 했었는데, 어떤 마음이 들었는지 나도 모르는 마음의 결단을 내렸다.

"가자, 캠핑장에 가보자."

아이들과 텐트를 시작으로 캠핑용품을 사들이기 시작했다.

별의별 게 다 있었다. 캠핑을 가서 불편함이 적으려고 사들이는데 승용차(금아 차가 SUV) 한 대가 부족할 지경이었다.

예전의 캠핑과는 완전 차원이 다르다.

"뭐 이런 것도 다 있어?"

"어머, 별게 다 있네!"

연실 탄성을 지른다. 재미있기도 하다.

"엄마~ 봉순이 울타리도 필요해."

"그럼 사야지."

집으로 오는 택배 상자를 뜯느라 분주했다.

텐트를 치는 게 문제였다.

장정 네 명과 봉순이까지 지내기 위해 큰 텐트를 구입했다. 캠핑장에 가서 텐트를 잘 치기 위해서는 연습이 필요하다고 금아가 강력하게 주장을 했다.

나보다는 경험이 많은 동생을 오라고 해서 남편이 있는 평온의 숲 가까이에 위치한 화물 주차장으로 요한이까지 데리고 갔다.

텐트를 구입한 매장에서 설치 되어 있는 텐트를 볼 때는 쉬워 보였는데 막상 텐트를 펴보니 생각보다 만만치가 않았다. 설명을 듣고 유튜브로 동영상을 보고 왔지만, 텐트를 펼치는데 앞뒤를 알 수가 없고, 폴대를 어디하고 어떻게 연결하는지 도대체 알 수가 없었다.

다시 설명서를 읽고, 동생과 머리를 맞대고 궁리를 해서 대략 아웃라인을 잡고는 집으로 왔다. 날짜가 돌아왔고 우린 아빠 없이 처음 캠핑을 떠나왔다. 요즘 말로 미즈캠이라나.

금아 차와 내 차 두 대에 가득 싣고 온 짐을 내리는데 웃음이 날 지경이었다.

내려도 내려도 끝이 없다. 심지어 이동식 변기까지 사왔으니 말이다.

봉순이 짐도 많다. 은정언니가 준비해준 봉순이 한복까지 추석날 입히려고 챙겨왔다.

텐트를 친다고 금아가 앞장서서 지시하는데 전면을 찾는 것부터 어려웠다.

한번 펴봤지만 또다시 어려웠다. 데크에 오징어팩으로 고정을 시키고 한쪽을 세우면 다른 한쪽이 쓰러지고, "어어, 쓰러진다~" 이리 뛰어다니고, 저리 뛰어다닌다. "요한아~ 이리 와서 붙잡아~" 언제나 일이 정해져 있지 않은 막내가 제일 바쁘다. 얼추 모양이 잡히는 듯 싶더니 이내 무너지고, 손가락에 피가 안 통할 정도로 붙잡고 서 있어도 좀처럼 모양이 나오지를 않는다. 아이들 옷은 땀으로 젖어가고, 목이 마르다고 마실 것을 찾는다.

옆집 텐트를 보니 비슷해서 가서 물어 봤다. 오징어 팩으로 데크 위에 고정시키는 방법이 우리와 다르다. 땅바닥에 팩으로 텐트의 끈을 고정시키는 것이 먼저였는데 지지대가 없어서 무너지는 것을 반복한 것이다. 봉순이 울타리까지 설치하니 세 시간이 걸려 집을 세웠다.

아침에 출발해서 죽전 휴게소에서 우동 한 그릇을 사 먹은 것이 전부이니 캠핑장으로 오는 길이 밀린 데다 텐트와 씨름하느라 허기짐이 극에 달했다.

"얼른 가서 장봐 와~ 삼겹살하고 상추, 깻잎, 쌈장, 생수…."

너무 배가 고파 재촉을 한다. 준비해온 전기밥솥에 씻어나온 쌀을 넣고 밥을 짓는다.

요즘 캠핑은 데크에서 전기를 사용할 수 있는 것을 보면 예전에 비해 상상할 수 없을 정도로 발전을 했다. 조명부터 시작해서 다른 집은 티비를 보기도 한다.

워낙에 추위를 타는 나를 위해 금아가 전기요를 준비했다.

전기요에 전기 히터까지. 이 정도면 한겨울도 캠핑이 가능할 듯 싶다.

저녁을 먹고 다른 집은 불멍으로 모여 앉아 있는데 우린 얼마나 고된 하루였는지 샤워를 하고 침낭에 몸을 집어넣은 시간이 여덟 시도 안됐다.

석재가 "엄마~ 왜 벌써 주무서? 다른 집은 다 밖에 있는데.", "게임하자!"라며 말을 한다.

"일단 쉬어야 해~ 아이고~"

두 시간 정도 쉬었다가 일어나서 몇 가지 게임을 했다.

다음 날 우린 왜 다리가 아픈지, 유독 허벅지가 아픈지 모르겠다며 낄낄 웃었다.

텐트를 친다고 온몸으로 용을 쓴 탓이다.

우리 스스로 집을 세웠다는 자부심에 대견해하면서, 아빠가 있었으면 금방 쳤을 거라며 다시 아빠 이야기를 하며 웃는다.

고생이 재미다. 고생이 추억이다.

　그렇지만 고생의 결과가 반드시 좋아야만 재미라고 추억이라고 할 수 없다.

　모든 것을 함께 하면서 서로를 바라보는 시각이 이전과는 다르게 서로를 키워간다.

작가 흉내

캠핑장의 아침을 봉순이와 함께 열었다.

애견 동반 캠핑장이어서 밤새 개짖는 소리가 나면 텐트 안에서 함께 짖어대느라 금아와 난 번갈아 잠을 설치며 봉순이를 끌어안았다.

새벽 아침 텐트 틈새로 빠져나간 봉순이를 잡느라 몸을 일으키고는 캠핑장을 어슬렁 돌아다녔다. 아들 둘과 아침을 먹기엔 너무 이른 시간이다.

나만의 공간이 없기에 이 시간을 뭐라도 해서 채워야 한다.

의자와 테이블을 밖으로 끌어내어 책 한 권을 낸 작가의 흉내를 낸다고 노트북을 폈다.

돋보기도 필요하고, USB도 필요하고, 무릎 담요도 필요하다.

나이가 들수록 자식이나 남을 귀찮게 하는 일이 많아졌다.

금아의 도움이 많이 필요하다.

어두운 텐트 안에서 물건을 찾기란···. 그리고 늘어놓은 게 많다 보니 소풍가서 보물찾기처럼 어렵다.

아무튼 세팅이 되고 나니 이젠 금아가 봉순이가 배고픈 것 같다며 봉순이 가방을 찾는다.

다시 의자에서 일어나 어두운 텐트 안을 이리저리 살펴보지만 눈에 띄지 않는다.

"안 보이네, 어제 여기 있었던 것 같은데···."

기억도 늘 정확하지 않다 보니 말의 끝자락엔 "같은데···."가 많다.

어릴 적 거의 관종의 삶을 꿈꿔왔었다.

얼굴이 예쁘지 않다 보니 다른 행동으로, 특히 학교에서 선생님의 심부름을 자처하는 일이 많았고, 다른 사람이 도움의 손길을 필요로 하는 것을 먼저 캐치해서는 나서서 도움을 주곤 했다. 대학 때, 절에서 2박3일 수련회를 했는데 거기에서도 스님의 손길에 도움이 되도록 나서서 도와주다 보니 반장이라는 타이틀을 달아주었다.

대체로 이런 일들이 많았다. 그리고 어디를 가나 항상 책을 끼고 다녔다.

전철 안이든 시간의 짬이 생기는 어디든 손에 책을 들었다.

시아버지를 모시고 십여 년 넘게 병원을 모시고 다닐 때도 시아버지를 친절히 모시고 다니는 기특한 며느리의 인상이 남았으면 하는 마음이 있었다.

행동 하나하나에 타인의 시선을 의식하고, 칭찬에 목말라하고, 어디서든 나라는 존재감을 부각시키느라 머릿속에 프로그램이 장착되어 있었다.

유명한 자가 되는 것, 사람들 입에 좋은 평판으로 오르내리는 것, 무엇이든 "미연이는 잘해"라는 이미지를 심어주는 것. 이것이 삶의 중심이었다.

이러한 마음과 생각이 거품이라는 인식은 오랜 훈련과 고난의 망치로 흠씬 두들겨 맞고 나서야 깨졌다. 지금도 아직은 남아 있으리라.

"엄마, 캠핑장에 노트북을 가져가면 좋을 것 같아."

캠핑 짐을 챙기면서 금아의 제안에 동의하면서 USB와 노트북을 챙겨 온 것이다.

타인을 의식하면 행복이 없다.

비교하고 경쟁하느라 늘 내 손에 쥔 것이 부족하다. 이것이 행복을 잃어버리게 한다.

남에게 피해를 주지 않으면 되고, 언제나 나와 주님만 남게 되니 행복하고 감사하다.

글을 쓰다 보니 옆 텐트에서 사람 소리가 난다.

서서히, 사람들의 소리로 아침이 채워져 간다.

상쾌한 아침을 냄새로 만나고, 노트북으로 다시 만나고, 사람들의 소리로 만난다.

아아! 행복하다.

캠핑의 좋은 점이 멍때리는 것이라는 동생의 말에 조금씩 실감한다.

산을 보면서,

계곡의 물소리를 들으면서,

옆집 화로에서 장작을 태우는 냄새와, 방향 없이 돌아다니는 강아지들을 보면서 말이다.

입가엔 슬며시 미소가 지어진다.

위로 - 두 번째 이야기

인력사무소에서 거래하는 거래처마다 각각의 특징이 있다.

인부들을 통솔하고 지시하는 반장님의 성격에 따라 인부들이 기피하거나 선호한다.

사람들을 어떻게 대하는 가에 따라 인부들의 태도가 다르고 그것은 바로 결과로 드러난다.

돈이 아무리 좋아도 다시는 안 간다는 이야기가 나오면 나로서는 크게 고민이 된다.

인부들끼리 정보를 공유해서 소문이 빠르게 돈다. 일을 다녀오면 현장에 대해서 말을 하지 말라고 소리를 지른 적도 있다. 다른 사람은 가서 잘하고 올 수도 있기 때문이다.

반장님이 전화해서 사람을 보내달라고, 그것도 일을 잘하는 사람으로 보내라고 할 때면 "당신 때문이야"라고 직접 말을 할 수가 없다. '당신 때문에 인부들이 가지 않으려 한다'는 말이 목구멍까지 치밀어 오르지만 거래처를 끊어낼 생각이 없기에 차마 말을 하지 못한다.

한번은 인부 한 분이 현장 소장님과 합이 잘 맞아 꾸준히 계속 다니고 있었다. 공사가 거의 만료가 되어갔고, 아마 현장 소장님이 다급했던지 싫은 소리를 한마디 했다는데 인부는 다음 날부터 발을 끊었다. 소장님이 인부에게 전화를 여러 번 해보았음에도 일절 받지를 않았다.

"나 내일부터 거기 안 가요! 고소공포증이 있는데 높은데 올라가라잖아!"
"네…."
처음엔 인부들이 싫다고 하면 어르고 달래고 사정을 하면서 "이번 한 번만"하면서 보낸 적도 있었다. 지금은 요청한 인부의 수를 못 맞추더라도 싫다고 하면 보내지 않는다.
한번 싫으면 마음을 돌이키기 어렵다는 것을 안 이후다. 그리고 억지로 갔다가 사고라도 나면 큰 낭패를 볼 수 있다.

이 일을 하면서 남편의 직장 생활에 한 번도 칭찬하거나 격려해 준 적이 없다.

한 직장에서 26년을 다닌 남편이 얼마나 참고 얼마나 견뎌야 했는지 이제야 조금 알게 됐다.

사람과의 관계 자체가 어려운데 상하의 조직에서 얼마나 어려움이 많았을까.

때려치우고 싶을 때도 많았을 텐데 가족들 생각해서 참고 다닌 것에 대해 업어줘야 할 판이다.

나는 너무 늦게 깨달아서 아쉬움이 크다.

인부들은 현장에 고정으로 다니는 분이 있고 철새처럼 이리저리 옮기는 분이 있다.

현장 소장이 다시는 보내지 말라는 말을 듣는 사람도 있다.

보내지 말라는 사람을 처음엔 일을 어지간히 못하니까 저런 소리를 듣는다고 생각했는데 일 자체만 가지고 이야기 하는 것이 아님을 알게 됐다.

서로가 성격이 있어서 부딪힐 때가 있다.

서로의 성격을 맞추려는 사람이 있고 나에게 맞춰주지 않으면 안되는 사람들도 있다.

예전의 나라면 하루도 못 버틸 것이다.

글쎄 지금은 조금 나아졌지만 얼마나 버티고 견딜지 모른다.

돈 때문에, 돈이 꼭 필요해서 참고 버티며 살아가는 우리 자녀부터 모두에게 위로와 격려의 박수를 보낸다.

　사람들 틈바구니에서 버티는 훈련이 안되면 견뎌낼 수가 없다.

　싫은 소리를 못 참고 억울한 소리를 견디지 못하고 하기 싫은 일을 피하다 보면 사람들 속에서 살아갈 수가 없다.

　남자들은 여자들보다 낫다는 말을 하는데 그것은 군대를 다녀와서 그렇단다.

　여자들은 군대를 다녀오지 않아서 견디는 게 적단다.

　이 말을 하면 여자들은 발끈하겠지만 여자들 나름 할 얘기가 많다.

　아이들을 기르면서, 시댁과의 관계에서 얼마나 참고 얼마나 견디는지 남자들은 모른다.

　아무튼 하루하루 살아내는 것은 날마다 특별한 은혜다.

　살아내지 못할 정도로 힘든 날들도 있지 않은가. 그런데 지금 살아 있다.

　죽을 것 같다고 아우성 친 날들도 얼마나 많았는가.

　오늘 일을 마치고 집으로 귀가하면, 아님 학교생활을 마치고 돌아오면,

서로에게 큰 위로와 격려의 박수를 보내자.

수고했다고.

애썼다고.

일을 잘하는 인부든 그렇지 못한 인부든 어느 누군가의 가족이고 어느 누군가의 버팀목이리라.

"감사합니다. 수고하셨어요."

중심

남편의 기일(10월 5일)에 금아와 나만 평온의 숲을 다녀왔다.

기일이 평일이라 그랬는데 며칠 전에 휴일이 이틀이나 있었는데도 아들 둘과 같이 간다는 생각을 못하고 지나쳤다.

지금 11월에 딸과 다시 남편의 묘를 찾아갔다. 가끔씩 아빠가 생각난다며 봉순이를 데리고 함께 가곤 했는데 아들들은 여전히 아빠에게 가지 않았다.

작은 캠핑의자를 구입해서 음악도 잔잔히 틀어놓고 남편을 추억하며 감사하며 시간을 보냈다. 그러면서 남편이 아들들을 기다리는 느낌을 받았다. 집에 와서 아들들에게 아빠에게 가보라고, 아빠가 기다린다고 전했다. 석재는 동생과 같이 가려다 타이밍을 놓쳤다고 하고 요한이는 시험이라 시험이 끝나면 혼자서 찾아가 보겠노라고 답을 한다.

요한이는 아빠에게 다녀와서 이야기를 전하는데 울컥한다면서 말을 잇지 못했다.

석재는 오늘 다녀온다고 말을 했으니 믿고 답을 기다려본다.

아빠의 영혼이 천국에 가서 계시지만 우리의 중심이 평온의 숲에 가면 아빠를 추모하는 마음이 모이는 것 같다는 이야기를 전했다.

우리의 중심이 어디에 있는지 우리의 삶에 전부 드러나게 된다.

바쁘다는 이유는 늘 핑계인 것을 이미 내 자신을 봐서 알 수 있다.

마음이 있으면 어찌해서라도 시간을 만들고 함께하려고 애를 쓴다.

초등학교 동창회에서 소풍을 다녀오는데 늦은 시간에 오산에 당도하니 "그냥 집으로 가자" 하면서 차를 끌고 용인으로 돌아왔다. 구십이 넘은 엄마를 찾아가보지 않고 오는 것이 조금 미안하지만 피곤하다는 이유가 컸다. 사무실 일이 바쁘다는 이유로 몸이 피곤하다는 이유로 늘 미루고 미루며 산다. 아들들에게 딱히 야단할 이유가 없다.

우리의 중심이 세상에 있다가 구원이라는 하나님의 테두리 안으로 들어가지만 그 중심이 하나님께로 옮겨지는 데는 수십 년 광야의 시간이 있다.

은혜로 성령 충만한 착각이 넘칠 때는 모든 관점이 주님께로 다 이루어진 듯하다.

그러나 일상의 삶으로 돌아오는 순간 다시 흐트러지고 쏟아진 물 같다.

중심이 흐트러져 있는 줄도 모르고 받은 은혜의 경험을 수십 년씩 우려 먹는 꼴이다.

목사님은 말씀 중에 "의식이 믿음이다."라는 표현을 자주 하신다. 우리의 생각과 마음이 꽂혀 있는 것이 믿음이라고.

건강을 생각하면 거기에 미친다. 여행이나 쇼핑에 꽂혀 있으면 밤새 성경 한 장은 안 읽어도 핸드폰으로 검색하느라 잠을 잘 수가 없다.

모두 내 얘기다. 이런 마음이 주님께로 서서히 아주 서서히 방향을 바꾸면서 지금의 내가 있다. 아직도 선회해야 할 태도가 있지만 이 끈을 놓지 않으려고 씨름을 한다.

이런 나를 오랫동안 기다려오신 분이 계서서 숨을 크게 쉬며 다행이다 여긴다.

그 누구도, 아들들도, 기다리는 분이 계신데 내가 왜. 엉덩이를 눌러 앉힌다.

주님이기에 모든 것이 가능하다. 주님이기에 모든 것이 충분하다.

잠

새벽 3시 11분. 전화기에 진동이 울린다.

인부 한 분에게서 전화가 온 것이다. "네." 하고 대답을 하니 오늘 감기가 걸려 몸이 안 좋아서 일을 못 간다는 얘기다. 자기가 가는 현장에 다른 분을 맞춰달라는 아주 친절한 말을 하는데 난 '으이!' 하며 속으로 비명을 지르고는 알겠다고 답을 하고는 끊었다. 일찍 가는 현장은 미리 인부를 맞춰놓지 않으면 어렵다. 예전 같으면 잠을 깨워놓은 인부에게 화가 날 일이다.

다시 잠을 청하려는데 잠시 후에 다시 전화기가 몸부림을 친다. 새벽에 제설작업 현장으로 일을 갔는데, 담당자가 없다면서 공무원 전화번호를 알려달라는 내용이다. 이것은 내 불찰이다. 문자로 미리 알려줬어야 했는데 미리 챙기지 못한 탓이다. "그래 일어나자." 자리에서 벌떡 일어나 사무실 나갈 준비를 한다.

예전 같으면 잠에 한이 있는 나는 속으로 아닌 말로도 불평이 엄청났었다. 오늘 내가 자야 하는 시간을 채우지 못하면 스스로가 용납이 안돼 조바심이 나고 그렇게 억울했었다.

잠에 자유로워지기까지 참으로 내 자신과 많이 싸웠다.

내가 잠에 한이 맺힌 이유는 끼니를 거르면 절대 안 되는 엄마의 철칙으로, 엄마 아래에서 자라는 동안 잠을 실컷 자본 적이 진짜 단 한 번도 없다. 휴일이나 방학 때 잠을 좀 더 자려고 하면 엄마는 언제나 하시는 말씀이 "밥 먹고 자."라고 하신다. 밥을 제때에 먹어야 하는 게 엄마의 법이다. 밥을 먹고 자는 것과 계속 자는 것은 잠의 질도 다르고 맛도 다르다.

평생 밥이 가장 중요한 분이기에 어떠한 상황에서도 끼니를 건너고 잠을 잔다는 것은 있을 수 없는 일이고, 정말 살아보지 않으면 그처럼 어려운 게 없다. 요즘은 사람이 살아가는 데 가장 중요한 게 잠이라고 하는데 엄마가 진즉에 아셨다면 좋으련만.

이런 내가 은혜를 받고 새벽기도를 다녔으니 잠과의 사투는 치열했다. 새벽기도를 다녀와서 남편 아침 식사를 준비하기 전 남은 시간에 잠을 청하면 그처럼 꿀보다 단 잠은 없었다. 남편을 출근시키고 다시 잠을 자는 날에 엄마의 수면을 방해하는 아이들은 가차 없이 혼이 났다.

아이들을 기르면서 한가지 소원은 잠을 실컷 자보는 것이었으니 내 마음속에서 잠 때문에 들끓었던 시간은 꽤나 길었다.

새벽기도의 훈련은 지금 사무실에 출근하는 시간(새벽 다섯시 반)에 불만이 없도록 만드셨다. 늦게 자든지, 알람이 울리기 전에 깨든지, 아무 생각이 없도록 만들어진 것이 참으로 감사하다. 젊은 날의 작은 연습과 훈련이 어느 때에 어떤 용도로 방법으로 지혜로 사용될지 모른다.

비효율적이고, 생산성이 떨어지는 바보 같은 작업조차 나중에 어떻게 누구를 위해 사용될지 모르기에 아이들에게 충분히 하라고 말을 해준다. 하나님이 하시는 일이 당장에는 보이지 않는다. 큰 그림을 그리시는 전능자인 하나님께서 지금 아주 작은 퍼즐 한 조각을 들고 있는 나에게 아무리 설명을 한들 아무리 보여준들 이해가 가지 않는 것이 정상이다.

우린 하나님의 뜻을 많이 이해하는 듯 제스처를 해보지만 실제 모르는 것 투성이고, 아는 게 없음을 시인할 수밖에 없다.

우린 믿음을 가지려고 하지 않고, 하나님에 대해 뭔가를 많이 아는 자로 살아가려고 한다.

많은 지식으로 하나님의 일하심을 설명하면서 자신을 높이려 하거나 상대를 가르치고 싶은 우스꽝스러운 광대의 옷을 입은 자가 우리다.

편지

주님.

내 것인 줄 알았던 것들이 하나씩 하나씩 아님을 알게 됩니다.

아이들을 내 소유로 여겨 그들의 영혼과 상관없이 내 목표를 달성케 하려고 다그쳤습니다.

남편조차 내가 조종하고 내 편이어야 하는 줄로 여겨 잔소리를 하고 뱀눈으로 흘겼습니다.

내 것이 아닌 것은 각자가 인격이 있고, 각자가 다름을 인정하는 것인데, 모두가 내 것이고, 나를 위해 존재하는 의미를 두었습니다.

주님.

남편이 벌어다 주는 재정도, 부모의 재산도, 항상 내 것이기에 권리를 내세웠습니다.

내가 좌지우지해야 하는 합당한 이유만 넘쳤습니다.

친구들도 내 편으로 만들어 내 것으로 다뤄야 맘이 놓이는 형편이었습니다.

주님.

주님이 주신 고난은 왜 유독 나에게만 심하다고 여기며 불평했던 기억이 새롭습니다.

다른 이들과 나를 비교하면서 나를 크게, 높게 쓰시려는 것이 아닐까 하며 고난의 해석을 멋대로 한 적도 있습니다.

모세의 사십 년 미디안 광야 생활을 지나면서 내 것은 점점 떠내려가고 있었습니다.

모세가 가진 것이라곤 지팡이밖에 없었던 것처럼 나에게도 자신하던 건강이 걸어다니지도 못하는 상태(메니에르)까지 이르러서야 살아 있다는 축복을 배워가기 시작했습니다.

움직일 수 있는 육체도 주님의 허락하심이 아니면 안 된다는 엄위함을 배워가며 걸음마를 배우는 아기처럼 그동안의 모든 지식을 버리며 기기 시작했습니다.

주님.

극도의 불안감에서 벗어날 수 있는 것은 배워서 벗어나는 것

이 아니었습니다. 울면서, 떨면서, 숨어서 주님의 이름만 부르며
보낸 시간 안에서 주님이 베푼 자비의 선물입니다.

나의 최고의 가치가 온통 이 땅 위의 것으로 채워져 있는데 주
님께서 내 눈을 열어 내 것이 무엇인지 보게 하십니다. 내 것은
이 땅 위에 없습니다. 이 땅에 내려오신 예수밖에 없습니다.

아이들도, 부모님도, 친구도, 그 누구도 내 사람은 없습니다.
돈도 땅도, 사무실 일도 내 소유가 아닙니다.
오직 예수만 내 것입니다.
오직 예수만 내 것의 실체입니다.